النظريات المحاسبية

النظريات المحاسبية

الدكتور

سيد عطا الله السيد

الطبعة الأولى

2009م/ 1430هـ

المملكة الأردنية الهاشمية

رقم الإيداع لدى دائرة المكتبة الوطنية (2080/6/ 2008)

رقم التصنيف: 627

السيد، سيد عطا الله

النظريات المحاسبية

المؤلف ومن هو في حكمه: سيد عطاالله السيد

بيانات الناشر: عمان- دار الراية للنشر والتوزيع، 2009

عدد الصفحات (238)

ر.أ: (2080/6/ 2008)

الواصفات: / المحاسبة المالية // المحاسبة

ردمك: ISBN 978-9957-499-33-4

* تم إعداد بيانات الفهرسة والتصنيف الأولية من قبل دائرة المكتبة الوطنية.

دار الراية للنشر والتوزيع

شارع الجمعية العلمية الملكية - المبنى الاستثماري الأول للجامعة الأردنية

هاتف 5338656 (9626)

فاكس 5348656(9626) نقال 77241212 962 ص.ب 366

الجبيهة الرمز البريدي 11941 عمان- الأردن

E-mail: dar_alraya@yahoo.com

فهرس الكتاب

المقدمة:

يعالج هذا الكتاب جزئية على جانب كبير من الأهمية في مجال المحاسبة، ألا وهي " نظريات المحاسبة"، وأقصد بها افتراض تم اختياره في حدد مقبولة ضمن نطاق المحاسبة. والتي تهدف إلى التنبؤ بالسلوك للظواهر ومن ثم تفسيرها وتوجيهها بما يكفل تحقيق يتم وأهداف محددة.

وتكمن مهمة النظريات المحاسبية في تحديد المبادئ القياسية لتحضير ميزانية مالية، وزيادة المنفعة والثقة بالميزانية، وفي هذا الكتاب، تناولت فصول الكتاب المكونة من ثمانية عشر فصلاٍ، حيث كل فصل عالج بدوره جزئية مستقلة بذاتها، وذلك على النحو التالي:

الفصل الأول: مقدمة في المحاسبة ونظريتها، والتي تضمنت نشأة المحاسبة وتطورها، وأهدافها وأهميتها في النشاط الاقتصادي، وحقوقها، والنظام المحاسبي وعناصره، وأهم تنظيم له، وأهمية النظرية المحاسبة.

الفصل الثاني: نظرية تطور الفكر المحاسبي، والتي تناولت في هذا الفصل فترة ما قبل الميلاد، وأهم الجمعيات المهنية الدولية وأثرها على تطوير النظام المحاسبي.

الفصل الثالث: مناهج دراسة النظرية المحاسبية، والتي تناولت الإطار المفاهيمي للنظرية المحاسبية، ومناهج دراسته، وأهم الإطار العام للنظرية المحاسبية الحديثة.

الفصل الرابع: نظرية المبادئ المحاسبية، والتي تناولت تعريفها، وأهم نظريات المحاسبة مبدأ التكلفة التاريخية، وتحقيق الإيراد، وثبات وحدة النقد، ومبدأ الدورية.

الفصل الخامس: نظرية العلاقة بين علم المحاسبة، وبعض العلوم الأخرى، والتي تناولت علاقة علم المحاسبة بكل من علوم الرياضيات، والإحصاء، والإقتصاد، والحاسوب، ونظم المعلومات، والعلوم الهندسية.

الفصل السادس: نظرية التحليل المالي، والتي تناولت مفهومه، واستعمالاته، وأهم وظيفته، ومنهجيته، وخصائص معايير التحليل المالي واستخدامها،

وأدواتها، ودور التحليل المالي لميزانية مصروف تجاري، وخطواته وأساليبه، وبعـض المؤشرات التي تصلح للحكم على كفاءة المصروف كوسيط مالي، وثم أهم مهارات إعداد القوائم المالية.

الفصل السابع: نظرية الفروض المحاسبية، والتي تناولت مفهومه، وخصائصه، وأنواعه، وخطواته، ومداخله، وأشكاله.

الفصل الثامن: نظرية السياسات المحاسبية، والتي تناولت تعريفه، وسياسة الإفصـاح العـام، وأهدافه، وعنـاصره، ومميزاته، وسياسة الحـذر والتسجيل المحاسبي.

الفصل التاسع: نظرية النفقات والإيرادات، والتي تناولت أولاً النفقات مـن خـلال تعريفه ونماذجه وأنواعه وأهم فوارق أنواع النفقات المختلفة لـه، ثم ثانياً الإيراد ومفهومه وأنواعه وأهم الأحداث التمويلية لـه، والخصـم النقدي والمسموحات.

الفصل العاشر: نظرية الوكالة والمراجعـة، والتي تناولت الوكالـة والمـوكلين، وأهـم تطبيق نظرية الوكالة عـلى المراجعـة، وأهميـة المراجعـة، والتطـور التاريخي لـه، وأهدافه، وأنواعه.

الفصـل الحادي عشرـ: نظريـة الاستهلاك في المحاسبة، والتي تناولت تعريـف الاستهلاك والعوامل المهمة التي يجب أخذها في الاعتبار عند تحديـد القيمة الاستهلاكية للأصول الثابتة. وأسباب الاستهلاك، وأصوله القابلة، والقيمة القابلة، والعمر الإنتاجي، وطرق الاستهلاك ومحاسبته.

الفصل الثاني عشر: نظرية المحاسبة عن التضخم، والتي تناولت العوامل التي تميز طبيعة مشكلة التضخم، وعملية التغير في الأسعار وإثارة عـلى القياس المحاسـبي، ومفهوم محاسبة التضخم، وطريقة التكلفة التاريخيـة المعدلة، وأهم مشكلة، وكيفية استعماله، وطريقة التكلفة الجارية وأسس عملها، ومميزاته.

الفصل الثالث عشرـ: نظرية الإفصاح عن المعلومات المحاسبية،والتي تناولت مفهـوم الإفصاح المناسـب، ومقومـات، وقواعـده، والإفصـاح عـن المعلومات ومستوى

المدمج في البيانات المحاسبية، ومفهومه وأشكال الدمج وأساليبه وقواعده، وأساليب قياس خسارة المعلومات المترتبة على الدمج ومستوياته.

الفصل الرابع عشر: نظرية تغير الأسعار، والتي تناولت الطريقة المحاسبية التي تغير الأسعار، وتغيراته، وفترة الانخفاض في الأسعار، والتضخم النقدي، والبنود النقدية والغير نقدية، وأهم المحاسبة المتقدمة في تغير مستويات الأسعار.

الفصل الخامس عشر: نظرية القياس المحاسبي، والتي تناولت مفهوم القياس وعمليته، وخطواته وأساليبه ومصادره، وأشكاله، وقياس الإيراد وتعريفه والتفرقة بين المكاسب والإيراد وشروط توفر توقيت الاعتراف بالإيراد، وأسسه، وقياس المصروفات وعناصره، وتوقيت الاعتراف بالمصروفات، وقياس الأصول وأنواعه، والاستثمارات قصيرة الأجل، ومميزاته، والمخزون السلعي، وأساليبه، وقياس الأصول طويلة الأجل، والغير ملموسة.

الفصل السادس عشر: نظرية التنظيم المحاسبي في شركات التأمين، والتي تناولت، مفهوم التنظيم المحاسبي، وخصائصه، المعالجة المحاسبية للمخصصات الفنية.

الفصل السابع عشر: آثار التشغيل الإلكتروني على هياكل النظم المحاسبية، والتي تناولت المقصود بهيكل النظام المحاسبي، وأهم الترتيبات المهمة من الدليل المحاسبي والمجموعة المستندية والدفترية.

الفصل الثامن عشر: النظام المحاسبي في الدول الإسلامية، والتي تناولت مفهوم وأهداف النظام المحاسبي في الدول الإسلامية، ومكوناته، والمصطلحات، التي تعارف عليها المحاسبون في الدول الإسلامية.

وفي النهاية أرجو أن يكون هذا الجهد المتواضع، قد حقق الهدف، بفتح الباب أمام دراسات جديدة في مجال نظرية المحاسبة في عصر يتطلب البحث والدراسة.

والله ولي التوفيق

المؤلف

الفصل الأول

مقدمة في المحاسبة ونظرياتها

مقدمة في المحاسبة ونظرياتها

نشأة المحاسبة وتطورها:

نشأة المحاسبة وتطورت نتيجة عوامل اقتصادية وقانونية مختلفة أدت إلى ظهور الحاجة إلى خدمات المحاسب التي تتمثل في تقديم البيانات المالية إلى جهات متعددة.

فلقد ظهرت الحاجة إلى المحاسبة في القرون الوسطى أي منذ القرن الرابع عشر نتيجة ظهور المعاملات التجارية واستخدام النقود كوسيلة لقياس قيم هذه المعاملات.

وكانت المشروعات الفردية تمثل الشكل القانوني السائد في ذلك الوقت. فكانت المحاسبة أداة لخدمة أصحاب المشروعات عن طريق تسجيل العمليات المالية العديدة في الدفاتر لحاجة صاحب المشروع إلى سجل منظم لجميع العمليات التي لا يستطيع أن يعيها بذاكرته والذي يساعده في قياس مسؤوليات الأشخاص القائمين بإدارة أمواله، وفي تحديد علاقة المشروع بالغير ممن يتعاملون معه. وفي ظل هذه الظروف المحاسبة المالية التي تهدف إلى تسجيل وتبويب العمليات المالية في مجموعة دفترية ثم استخراج نتيجة حركة الأموال من ربح أو خسارة في خلال فترة معينة وكذلك تحديد مراكز الأموال في نهاية هذه الفترة.

وفي أواخر القرن الثامن عشر- ظهرت في الأفق علامات تطور جديدة في المحاسبة نتيجة عوامل اقتصادية واجتماعية، فظهور الثورة الصناعية أدت إلى تطور الوحدات الإنتاجية وإلى تكوين شركات المساهمة للقيام باستثمار رؤوس الأموال الضخمة اللازمة للصناعة، وقد تميزت هذه المشروعات بانفصال الملكية عن الإدارة وبالمسؤولية المحددة كما أدت إلى تعقد العملية الإنتاجية وزيادة استخدام عوامل الإنتاج وبالتالي إلى صعوبة وتعقد الوظيفة الإدارية، ومع هذا التطور تغيرت النظرة إلى طبيعة وظيفة المحاسبة ولم تعد وسيلة لخدمة أهمية أصحاب المشروع فقط. بل أصبحت أيضاً وسيلة لخدمة الإدارة عن طريق تقديم البيانات التفصيلية التي تساعد الإدارة في رسم السياسات المختلفة المتعلقة بأوجه نشاط المشروع والإشراف على تنفيذها والرقابة عليها. ويترتب على ذلك ظهور أهمية محاسبة التكاليف الفعلية والتي تهدف إلى تحديد

تكلفة المنتج والرقابة على عناصر التكاليف وتقديم التقارير للمحتويات الإدارية المختلفة لقياس مدى الكفاية في تحقيق الأهداف المطلوبة من قيام المشروع.

ومنذ أواخر القرن التاسع عشر وفي خلال القرن العشرين ومع زيادة حجم المشروعات وانتشار ظاهرة اندماج الشركات، ومع زيادة تدخل الدولة في شؤون الإنتاج والاستهلاك، ومع التقدم الكبير في الوسائل التكنولوجية وانتشار المخترعات الجديدة ومع زيادة المنافسة بين المشروعات المختلفة لتقديم السلع أو الخدمات لإشباع رغبات الأفراد اللإنهائية والمحافظة على رأس المال ونموه، والبحث الدائم عن الأسواق الجديدة ومع زيادة حاجة المستثمر الخارجي للبيانات المحاسبية من أجل توجيه أمواله نحو الاستثمارات المربحة، ومع كل ذلك تطورت المحاسبة وزادت الحاجة إلى خدمات الحاسب وأصبحت المحاسبة وسيلة لقياس مدى كفاءة الإدارة، وبالتالي وسيلة لخدمة المجتمع بصفة عامة، ونتيجة على ذلك ظهرت فروع متعددة ومختلفة من المحاسبة بعقد مد الإدارة بالبيانات التفصيلية التحليلية اللازمة لخدمة الإدارة من جهة ولقياس مدى كفايتها من جهة أخرى.

ومن دراسة التطور التاريخي للمحاسبة نستطيع أن نحدد بعض الحقائق المتعلقة بنشأة المحاسبة وتطورها:

1. المحاسبة وليدة ظروف اقتصادية وقانونية واجتماعية، ولقد تطورت مع تطور الحاجة إلى البيانات المحاسبية لخدمة طوائف متعددة.
2. المحاسبة وسيلة وليست هدفاً ولقد تطورت هذه الوسيلة في مراحل متعددة. فمنها وسيلة لخدمة الإدارة إلى وسيلة لخدمة المجتمع، ويجدر الإشارة هنا أن كل مرحلة من هذه المراحل ليست بدايل وكل منها لا تحل محل الأخرى التي تسبقها ولكنها في رأي مراحل مكملة لبعضها البعض وتؤدي إلى زيادة مسؤولية المحاسب فعليه أن يقدم البيانات اللازمة في الوقت والقالب المناسب لكل طائفة من الطوائف التي تحتاج إليها.
3. أن تطور المحاسبة مع تطور الظروف الاقتصادية والاجتماعية أدى إلى ظهور فروع متعددة فمن المحاسبة المالية إلى المحاسبة الإدارية بفروعها المختلفة

إلى المحاسبة الاجتماعية وكل من هذه الفروع يخدم فئة مـن الفئـات التي تحتاج إلى البيانات المحاسبية.

أهداف المحاسبة

تهدف المحاسبة إلى تحقيق ما يلي:

1. تسجيل العمليات المالية اليومية عند حـدوثها مبـاشرة للرجـوع إليهـا عنـد الحاجة.

2. تصنيف وتبويب هذه العمليات لتستطيع المنشأة معرفة ما لها من أصوب وما عليها من التزامات.

3. إعداد الحسابات الختامية لمعرفة نتيجة المشروع من ربح أو خسارة.

4. تقصي الأسباب التي أدت إلى الخسارة ومحاولة تجنبها مستقبلاً.

5. إعداد قائمة المركز المالي (الميزانية) لمعرفة حقيقة أصول وخصوم المشروع.

6. مساعدة الإدارة في اتخاذ القرارات السليمة من خلال تزويـد الإدارة بكافـة المعلومات المالية الضرورية.

7. المحاسبة أداة لخدمة المجتمع وذلك مـن خـلال بيانها لمـدى كفايـة إدارة المشروع.

أهمية المحاسبة في النشاط الاقتصادي

المحاسبة في أي مشروع مهما كان شكله مشروعاً فردياً أم شركة أشـخاص أو شركة مساهمة عامة أو مؤسسة عامة تقدم خدمة لفئات متعددة منها:

1. أصحاب الملكية: تهتم المحاسبة بثبـات نشـاط المشروع مـن ربـح أو خسارة وتحديد المركز المالي وأصحاب المشروع في حاجة لمعرفة التقدم الذي تحرزه المنشأة ومعرفة درجة الفاعليـة التـي تسـتخدم بهـا مـوارد المشروع.

2. الإدارة تقدم المحاسبة لإدارة المعلومات والتقارير الوافيـة التـي تمكنهـا مـن إدارة العمليـات اليوميـة للمنشأة بصـورة سـليمة، فمثـلاً في المشروعات ذات الأقسام يمكن تحديد نتيجة أعمال كل قسم على حده وبالتالي معرفة الأقسام التي تحقق خسارة وثم اتخاذ قرار بإلغاء هـذا القسم إذا كان ذلك ضرورياً.

3. الدائنون وحملة السندات: يهتم دائنو المشروع بالوضع المالي للمشروع لمعرفة مقدرته على السداد، ومن هنا فإن البنوك قبل منح تسهيلاتها الائتمانية لعملائها تطلب منهم معلومات كاملة عن المشروع كالميزانية في آخر سنة وذلك لدراستها. ويعطي الدائنون أهمية خاصة لسيولة المنشأة واتجاهات الأرباح وأثرها على السيولة.

4. دائرة ضريبة الدخل: تهتم ضريبة الدخل بتحديد أرباح المشروع بدقة حتى تستطيع أن تحتسب الضريبة المستحقة ولكن هذا لا يتم إلا إذا كانت المنشأة تمسك دفاتر منتظمة وحسابات أصولية وبعد تدقيق حسابات المنشأة من قبل مدقق الحسابات.

5. المحللون الماليون: يقوم المحلل بتحليل المعلومات المالية وذلك لتقديم النصح والإرشاد للجمعيات التي تطلبها مثل المستثمرون.

حقول المحاسبة:

للمحاسبة حقول متعددة هي:

1) **المحاسبة الحكومية:** وهي المحاسبة التي تهتم بإثبات كافة عمليات صرف وتحصيل الموارد الحكومية، ثم تقديم التقارير الدورية عن تلك العمليات ونتائجها للجهات المختلفة والتي تتمثل في الموظفين الإداريين والسلطة التشريعية ورجال الأعمال والمستثمرين وعلماء المالية العامة وأفراد الجمهور.

2) **المحاسبة الضريبية:** وهي المحاسبة التي تهدف إلى تحديد الربح الخاضع للضريبة تمهيداً لفرض الضريبة المناسبة على هذا الدخل وتعتمد في الدرجة الأولى على القوانين الضريبية والتي يجب أن يلم بها المحاسب إلماماً جيداً.

3) **محاسبة التكاليف:** تختص محاسبة التكاليف بتحديد تكلفة الوحدة المنتجة وتهدف إلى تحقيق الرقابة على عناصر لتكلفة وإمداد الإدارة بالبيانات اللازمة لمساعدتها في إتخاذ القراءات السليمة بالإضافة إلى كونها تحدد تكلفة الوحدة المنتخبة.

4) **المحاسبة الإدارية:** المقصود بالمحاسبة الإدارية هو الحسابات والبيانات المحاسبية والإحصائية التي تعد لجميع مستويات الإدارة لتمكينها من الرقابة على عمليات المنشأة وعلى التكاليف في الوقت المناسب، مما جعل لهذه الرقابة أثرها الفعال في بحث أي انحراف عن التخطيط الموضوع مقدماً ومعالجاً لهذه الانحرافات في الحال. فوظيفة المحاسبة الإدارية تتضمن إعداد وإظهار البيانات والمعلومات المحاسبية التي تساعد الإدارة مباشرة في وضع سياستها ومراقبة تنفيذها أولاً بأول.

5) **مراجعة الحسابات:** ويقصد ها فحص الحسابات والدفاتر والمستندات فحصاً دقيقاً بحيث يتمكن المراجع من الاقتناع بأن الميزانية تدل دلالة صادقة وواضحة على المركز المالي للمؤسسة. وإن حساب الأرباح والخسائر يعطي صورة مماثلة نتيجة أعمال المدة المالية.وذلك بناء على البيانات والإيضاحات المقدمة للمراجع وطبقاً لما جاء في الدفاتر.

6) **المحاسبة المالية:** وهي المحاسبة التي تهتم بتسجيل عمليات المشروع واستخراج نتيجة الأعمال وإعداد القوائم المالية ووضع قواعد الضبط والرقابة على ممتلكات المشروع.

7) **تصميم النظم المحاسبية:** من المعروف أن لكل مشروع اقتصادي نظامه المحاسبي الخاص به، فالشركات الصناعية لها نظامها الخاص والبنوك لها أيضاً نظامها الخاص والحكومة لها نظامها الخاص، ومن هنا نشأت الحاجة إلى ظهور فرع خاص من المحاسبة يهتم في وضع وتصميم النظام المحاسبي المناسب لكل مشروع. خاصة وأن المشروعات الاقتصادية، قد تضمنت كثيراً ظهرت الآلات المحاسبية الحديثة وتم استخدام الحاسب الإلكتروني في كثير من المنشآت وخاصة البنوك.

النظام المحاسبي

التعريف الشامل للنظام المحاسبي: النظام المحاسبي يشمل عمليات تسجيل وتبويب العمليات وتصميم المستندات والدفاتر وتحديد الإجراءات التي تتبع في جميع

المعلومات المختلفة المتعلقة بالمعاملات المالية أو الصفات التي تعتقدها الوحدات المحاسبية وطرق تسجيلها ووسائل الرقابة عليها وأساليبها وعرض نتائجها.

عناصر النظام المحاسبي:

من التعرف السابقة للنظام المحاسبي، يمكن أن نستنتج عناصر النظام المحاسبي:-

1. **المجموعة المستنديه:** وهي المستندات المستخدمة في المشروع والتي تتعلق بالناحية المالية مثل مستند القبض والصرف والقيد وغيرها.

2. **المجموعة الدفترية:** وهي الدفاتر التي تستخدمها المنشأة سواء كانت دفاتر مالية أو دفاتر إحصائية ومن أمثلتها دفتر اليومية الأستاذ.

3. **مجموعة التقارير المالية:** وهي مجموعة القوائم المالية التي تعد في قسم المحاسبة لتقديمها إما إلى أصحاب المشروعات أو لعرضها على الجمهور أو تحتاجها الدولة.

4. **مجموعة الإجراءات المحاسبية:** وهي الإجراءات التي تنظم العمل المحاسبي في المشروع. وعن طريقها يمكن تنظيم العمل ويمكن تلافي حدوث الأخطاء أو الاختلاسات في المشروع.

5. **دليل الحسابات:** وهو قائمة منظمة أو جدول بأسماء وأرقام أو رموز الحسابات المفتوحة في دفتر الأستاذ يتم أعداده في ضوء خطة معينة لتبويب الحسابات.

6. **نظام القيد:** هل يتم استخدام نظرية القيد المفرد أم نظرية القيد المزدوج للإثبات في الدفاتر.

7. مجموعة الآلات والمعدات والأدوات المستخدمة في قسم المحاسبة.

تنظيم قسم المحاسبة:

لا يوجد تنظيم واحد يصلح لكل المنظمات ويعني بكل الاحتياجات كما أنه لا توجد خطة واحدة مثالية، فقد وجد أن هناك تجميعات وظيفية معينة مقيدة وقابلة

للتطبيق العملي. ولكن المشكلة هي تقرير كيف يمكن تجميع الوظائف وصولاً إلى نتائج فعالة في بيئة معينة والتي يمكن أن تتضمن حجم وطبيعة نشاط الشركة، خبرة المسؤولين والإداريين، الأفراد، الموقع، فلسفة الإدارة وأهداف الشركة.

الخريطة التنظيمية المحاسبة

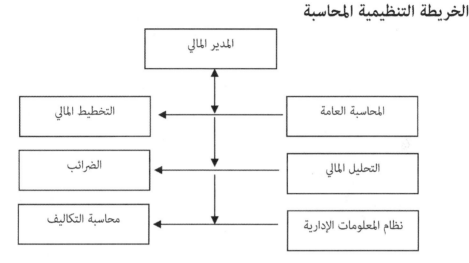

وما يلي شرح لمسؤوليات كل قسم من هذه الأقسام:

1) المحاسبة العامة: تتضمن المسؤوليات، سجلات الأستاذ، المدينون، الدائنون، الرواتب والتقارير المالية.

2) التخطيط المالي: ويتضمن المسؤوليات، تخطيط الأعمال، التنبؤات، الموازنات التخطيطية، والمعايير.

3) التحليل المالي: تتضمن المسؤوليات، دراسة خاصة، تحليل الاقتصاد، تحليل عمليات اقتناء الأصول.

4) الضرائــــــــب: وتتضمن المسؤوليات، يضم النظام، الإجراءات وتطبيقات الكمبيوتر الأخرى.

5) محاسبة التكاليف: وتتضمن المسؤوليات، تسجيل التكاليف، المحاسبة، عن المواد المحاسبة عن العمل المباشر، المحاسبة عن الأعباء الإضافية.

فيما يلي عرض بعض الملاحظات التي تتعلق بالهيكل التنظيمي:

- تقييم مجموعتنا المحاسبية العامة ومحاسبة التكاليف بصفة أساسية بتسجيل العمليات و إعداد التقارير عن النتائج الفعلية. وفي ضوء حجم العمليات ومستوى النشاط يمكن دمج هاتين الوظيفتين في مجموعة واحدة.

- تم الفصل بين وظيفتي التخطيط المالي والرقابة وبين أنشطة التسجيل. وهذا يسمح للموظفين بالتركيز على التجاوزات في التكاليف، قياس الأداء، تحليل الانحرافات، والإجراءات المصححة المقترحة، وفي معظم الأحوال يكون الموظفون أكثر قدرة على التحليل ويعملون بالاشتراك مع موظفي الإنتاج صوب فهم أعمق لأهمية الانحرافات عن الخطة.

- في الشركات الأكبر حجماً يكون هناك حاجة لأفراد قادرين على القيام بدراسات خاصة تتعلق بمشاكل معينة مثل إعادة توطين المصنع، قرارات الصنع أو الشراء، والتحليلات الاقتصادية بخصوص إمكانية اقتناء شركات أخرى.

- يجب إنشاء إدارة منفصلة لضمان توافر المواد الكافية لتصميم نظم المحاسبة، تطوير الإجراءات والتنسيق بين العاملين في مركز الحاسب الآلي بخصوص النظم التي تتضمن تطبيقات على الحاسب الآلي، كما يجب التأكد من تكامل الأنظمة على عاتق المراقب المالي.
  ولكن يجب فصل هاتين الوظيفتين نظراً للطبيعة المتخصصة والحاجة إلى مهارات مختلفة لكل منهما.

- في ضوء حجم الشركة يمكن إنشاء إدارة خاصة بالمراجعة الداخلية كما يجب مراعاة الانفصال الكامل لوظيفة المراجعة الداخلية عن المسؤوليات المحاسبية الأخرى وربما تقدم التقارير الخاصة بنتائج عمليات المراجعة الداخلية عن المسؤوليات المحاسبية الأخرى، وربما تقدم التقارير الخاصة بنتائج عمليات المراجعة الداخلية إلى مسؤول آخر غير المراقب المالي.

- حينما تكون الشركة صغيرة أو متوسطة الحجم تقدم إلى المراقب المالي التقارير المتعلقة بوظائف إدارة المكاتب، مثل الاتصالات، خدمات المكاتب، البريد،

الملفات، النسخ، ولكن كلما كبر حجم الشركة يجب تفويض أو إعادة تصميم هذه المهام لضمان حسن إدارة الوظائف الأساسية للمراقب المالي.

هذا ويمكن أن يكون هناك أكثر من مستوى للمراقب المالي في الشركة، ففي الشركات المساهمة يكون هناك مراقب مالي للشركة ككل، بينما يوجد مراقب مالي لكل قطاع ومراق مالي لكل مصنع وفي معظم المنظمات يقدم المراقب المالي في كل موقع تقريره إلى المدير التنفيذي المسؤول عن الموقع، فعلى سبيل المثال المراقب المالي في المصنع يقدم تقريره إلى مدير المصنع، والمراقب المالي للقطاع يقدم تقريره إلى رئيس القطاع، والمراقب المالي للشركة ككل يقدم تقريره لرئيس الشركة في كل المستويات الثلاثة المشار إليها تتماثل المسؤوليات الوظيفية، مع مراعاة أنها تشمل الشركة ككل بالنسبة للمراقب المالي العام.

نظرية المحاسبة

لقد عالج هندركسن في كتابه النظرية المحاسبية ترجمة وتعريب كمال خليفة أبو زيد (1990) موضوع ترجمة العملات الأجنبية فقال:

يجب أن تتم ترجمة المقادير المعبر عنها بعملات مختلفة إلى عملية الدولة التي يفترض أن يقيم فيها معظم قراء القوائم المالية وذلك إذا كان مطلوباً تجميع الأصول، أو الالتزامات، أو العمليات المعبر عنها بأنواع مختلفة من العملات.

وتحدث الحاجة إلى الترجمة عموماً حينما تجمع قوائم فروع أو شركات تابعة مع قوائم الشركة الأم المحلية، أو حينما تترجم قوائم شركات أجنبية مستقلة بهدف استخدامها في دولة أخرى.

أما Choi & Mueller فقد توصلوا إلى أن أسباب ترجمة العملات إلى:

أ) تسجيل العمليات التي تتم بعملة أجنبية.
ب) إعداد التقارير عن الفروع الأجنبية والشركات الأجنبية التابعة.
ج) إعداد التقارير عن نتائج أعمال الوحدات الاقتصادية الأجنبية المستقلة.

ويتابع هندركسون الحديث عن هذا الموضوع فيؤكد أن مشكلة الترجمة هي مشكلة قياس تحاط بمفاهيم المحافظة على رأس المال النقدي ورأس المال المادي. وفي ظل هذه المفاهيم يمكن تقرير ما إذا كانت المكاسب والخسائر الناتجة عن الترجمة تعتبر عناصر للدخل أو عناصر لحقوق حملة الأسهم.

ويحدد كل من هندركسون و Chio& Mueller المشكلة في سؤالين هما:

- ما هو معدل الصرف المستخدم للتحويل؟

- ما هي طبيعة مكاسب أو خسائر ترجمة العملات الأجنبية أو كيف تتم المحاسبة لمكاسب وخسائر وترجمة العملات الأجنبية؟

وللإجابة على هذين السؤالين يقول هندركسون يمكن اختيار معدل الصرف والمحاسبة عن مكاسب وخسائر ترجمة العملات الأجنبية في ظل:

1. مدخل التمييز بين العناصر النقدية وغير النقدية.
2. مدخل التمييز بين العناصر الجارية وغير الجارية.
3. المدخل الزمني.
4. المدخل التجاري.
5. مدخل صافي الاستثمار.

ويوضح هندركسون كل من هذه المداخل الخمسة فيما يلي:

يتشابه مدخل (النقدي/ غير النقدي) مع مدخل التكلفة التاريخية بالجنيه الثابت الخاص بتعديل مستوى الأسعار. ويعبر عن الأصول النقدية والالتزامات النقدية بمقاييس جارية، ولذلك يجب ترجمتها باستخدام معدل تبادل في تاريخ إعداد الميزانية العمومية. وحينما تحوز المنشأة الأصول النقدية أو الالتزامات النقدية القائمة Outstanding، وخلال الفترات التي يتغير فيها معدل التبادل. تظهر الترجمة مكاسب أو خسائر. ويفترض تحقق هذه المكاسب والخسائر لكون المقادير نقدية، ولذلك يجب أن يقرر عنها في قائمة الدخل، ويعتبر هذا شبيهاً بمكاسب وخسائر القوة الشرائية على العناصر النقدية التي تنتج من التعديلات وفقاً للمستوى العام للأسعار.

وتترجم العناصر غير النقدية (سواء كانت أصولاً أم إلتزامات) بمعدل التبادل السائد في تاريخ الاقتناء. ويرجع ذلك لافتراض أن التكلفة التاريخية بالعملات المحلية للمنشأة الأم هي العدد المساوي للجنيهات التي كانت تلزم لشراء العملات الأجنبية، وهي تلك العملات التي استخدمت لاقتناء الأصل. ولا يؤدي تدهور معدل تبادل العملة الأجنبية -اللاحق على تاريخ الاقتناء – إلى خسارة في ظل هذه الطريقة. والسبب في ذلك أن التكلفة التاريخية مقدرة بالجنيهات المساوية لم تتغير. ومن العقبات التي تواجه هذا المدخل أن تبويب العناصر إلى نقدية وغير نقدية يعتبر تحكماً.

ويقوم مدخل ثان على أساس تبويب العناصر إلى جارية وغير جارية. وتترجم العناصر الجارية على أساس المعدل الجاري. نظراً لأنها ترتبط بالعمليات الجارية للمنشأة. ومع ذلك يقال بأن التقرير عن التغيرات في معدلات التبادل المطبقة على العناصر الجارية فقط، يؤدي للمبالغة في تقدير المكاسب والخسائر الناتجة من تعرض هذه العناصر الجارية فقط، يؤدي للمبالغة في تقدير المكاسب والخسائر الناتجة من تعرض هذه العناصر لمخاطر المبادلات الأجنبية. وذلك لأن كلا من الأصول الجارية والأصول غير الجارية، تعمل على تغطية As a Hedge مخاطر الالتزامات القائمة والعكس صحيح.

وتعتبر الطريقة الزمنية تعديلاً لكلا المدخلين المذكورين. ويحدد معدل التبادل المستخدم لأغراض الترجمة استرشاداً بأساس القياس المطبق في النظام المحاسبي.

حيث تترجم العناصر المقرر عنها بمقاييس التكلفة التاريخية باستخدام معدلات التبادل التاريخية، كما تترجم العناصر المقرر عنها بالأسعار الجارية أو القيم المستقبلية المتوقعة باستخدام معدل التبادل الجاري. وتبدو هذه الطريقة متوافقة مع الإجراءات الهيكلية Structural Procedures لنظام محاسبة التكاليف التاريخية. ومع ذلك، فإنها ليست منطقية، حيث ترتبط مكاسب وخسائر المبادلات الأجنبية بالإجراءات المحاسبية المستخدمة، وليس بالواقع الاقتصادي. ولذلك لا تقدم لقراء القوائم المالية أي تفسير للعلاقات الاقتصادية القائمة.

أما مدخل صافي الاستثمار فينظر إلى الشركة التابعة، أو الفرع الأجنبي باعتبارهما يمثلان استثماراً. ويحقق هذا الاستثمار عائداً يقاس بصافي دخل العملية الأجنبية والذي يستحق كمنفعة للشركة الأم. ومن حيث المفهوم، تعامل العملية الأجنبية على أنها وحدة منفصلة، دون النظر إليها كجانب (جزء) من عمليات الشركة الأم. ولذلك، يجب ترجمة مقادير جميع الأصول والالتزامات بمقاييس معدل التبادل في تاريخ الميزانية العمومية (المدخل الجاري). وتترجم عناصر قائمة الدخل بمعدلات التبادل السائدة في تواريخ التقرير عن العمليات التشغيلية.

وفي العادة يستخدم الرقم المتوسط للعام، ويعتمد التقرير عن آثار التغيرات في أسعار التبادل، باعتبارها مكاسب أو خسائر، على دراسة صافي الاستثمار والافتراضات المتعلقة بالكشف عن المخاطر.

وإذا افترض أن طبيعة الاستثمار دائمة نسبياً، فيجب أن لا تظهر المكاسب أو الخسائر طالما يحول الاستثمار إلى العملية المحلية. حيث تتحقق المكاسب أو الخسائر عند تصفية الاستثمار. وهي النقطة التي يفترض أن تحقق عندها المكاسب أو الخسائر.

أما Choi & Mueller فقد ذكرا أنه يمكن تقسم الطرق المتبعة لترجمة العملات الأجنبية إلى مجموعتين من الطرق هي طريقة النسبة المفردة Single rate Method وطريقة النسب المركبة Multiple Rate Methods.

وحسب طريقة النسب المفردة Single Rate Method يتم استخدام نسبة واحدة لترجمة كل عناصر القوائم المالية وهذا النسبة قد تكون النسبة الجارية Current Rate أو نسبة الإقفال Closing Rate أو متوسط مرجح للنسب السائدة خلال المدة Weighted Average.

وتمتاز هذه الطريقة ببساطتها وأن ترجمة الأصول والخصوم بسعر الصرف الجاري وقت إعداد القوائم المالية يعكس إلى حد كبير قيمتها الفعلية المدرجة بها في قائمة المركز المالي للشركة التابعة. إلا أنه يعاب على هذه الطريقة إمكانية بعدها عن التكلفة التاريخية.

أما طرق النسب المركبة Multiple Rate Methods فإنها ثلاث طرق كـل طريقة تتألف من أكثر من نسبة للتحويل تتكون هذه النسب من نسب تاريخية ونسب جارية Historical and Current Exchange Rate وفيما يلي إيجاز لها.

طريقة البنود المتداولة وغير المتداولة Current -No- Curret Method وحسب هذه الطريقة تترجم العناصر المتداولة مـن قائمة المركز المالي للوحدة التابعـة إلى عملـة، الشركة الأم عـلى أسـاس سـعر الصرف الجـاري Current Exchange Rate وقت إعداد القوائم المالية بينما تترجم مفردات العناصر غير المتداولة على أساس سعر الصرف التاريخي Historical Exchange Rate.

وتترجم عناصر قائمة الدخل ما عدا الاستهلاك عـلى أسـاس متوسط أسـعار الصرف السائدة. وتترجم الاستهلاك والاستنفاذ على أسـاس متوسط أسـعار الصرف السائدة. وتترجم الاستهلاك والاستنفاذ على اساس سعر الصرف السائد وقت امتلاك الأصل.

ويعاب على هذه الطريقة أنها لا تستند على أساس نظـري (فكـري). كـما أنها قد تؤثر على نتائج أعمال الوحدة الأجنبية تأثيراً يؤثر عـلى المقارنـة لا بأسباب الاختلاف في نتائج العمليات، بل بسبب التغير في سعر الصرف وهـو مـالا دخـل للوحدة فيه.

طريقـة البنـود النقديـة وغـير النقديـة   Monetary-Nonmonetary Method وحسب هذه الطريقة فإن البنود النقدية في قائمة المركز المالي تـترجم على أساس سعر الصرف الجاري. أما البنود غير النقديـة فتـترجم عـلى أسـاس سـعر الصرف التاريخي. أما مفردات قائمة الدخل فإنها تترجم بطريقة مشابهة لما ذكر في الطريقة السابقة Current-Nonmonetary Method.

أما الطريقة الزمنية Temporal Method فتتبع هذه الطريقة في الترجمـة أساس القياس فإذا كان القياس هو التكلفة التاريخية فإن الترجمة تتم عـلى أسـاس سعر الصرف التاريخي وإذا كان أساس القياس هو القيمة الاستبدالية فإن الترجمـة تتم على أساس سعر الصرف الجاري.

وتتفق هذه الطريقة غالباً مع طريقة البنود النقدية وغير النقدية في نتيجة الترجمة، حيث أن البنود النقدية بالقيمة الاستبدالية وتترجم على أساس سـعر الصرف الجاري بينما البنود غير النقدية تقاس على أساس تكلفتها التاريخيـة ومـن ثم تترجم على أساس سعر الصرف التاريخي.

واسترشادا بتجارب الهيئات الدولية في اختيار طريقـة الترجمـة فإن معـايير المحاسبة الأمريكية (SFAS 52) لم يحدد الطريقة الواجب إتباعها بل تركها للشركة لتختار ما يناسبها، أما المعيار 21 من معايير المحاسبة الدولية فقـد اختار طريقـة البنود النقدية وغير النقدية. وفي المعـايير البريطانيـة تتبـع طرق مختلفـة لترجمـة عناصر القوائم المالية حسب الظروف.

الفصل الثاني
نظرية تطور الفكر المحاسبي

نظرية تطور الفكر المحاسبي

تمهيد:

أما المحاسبة، فهي " عبارة عن عملية تحديد وقياس وتوصيل المعلومات الاقتصادية لمساعدة مستخدمي هذه المعلومات في اتخاذ الأحكام والقرارات السليمة".

ويجب أن ننبه هنا بأن هناك علاقة وطيدة بين الفكر والتطور في المحاسبة، إذ أن الفكر المحاسبي تراكم مع مرور الزمن مما أدى إلى بطء في تطور المحاسبة، ولكن في نفس الوقت أدى هذا البطء إلى المحافظة على هذه الأفكار وهذا ما يعرف بخاصية الاستمرارية في تطور المحاسبة.

مما تقدم نستنتج أن المحاسبة منطلقة من فلسفة (فكر)، وأن العنوان يدل على أننا سنقوم بدراسة لهذا الفكر وما أثر فيه من عوامل بيئية.

ولعله من المفيد هنا طرح السؤال التالي، وهو، لماذا ندرس التطور التاريخي للمحاسبة؟

ببساطة نحن ندرس التطور التاريخي للمحاسبة لأنها قديمة قدم التاريخ، وتعتبر حدث هام فيه، فالمحاسبين ساهموا في تطوير المدن والتجارة والثروة والمفاهيم والأعداد، المحاسبين، شاركوا في ابتكار المصارف والنقود، أنقذوا العديد من الشركات ورجال الأعمال من الإفلاس، مما أدى إلى زيادة الثقة في أسواق رأس المال.

فترة ما قبل الميلاد

حاول الكثير من الكتاب تحديد متى نشأت المحاسبة، إلا أن كل المحاولات باءت بالفشل مما جعل الغالبية العظمى منهم تربطها بالمعاملات التجارية والمالية، فدلت تلك الآثار على أن هناك حضارات قديمة ترجع إلى أكثر من 3500 ق .م، مثل الحضارة الآشورية تظهر أقدم عمليات للتسجيل المالي في شكل ما يدفعه الملوك إلى جنودهم من رواتب في شكل حيوانات أو مزروعات.

وأظهرت الحفريات في الحضارة الآشورية أن الكهنة السومريين ساهموا في تطوير المحاسبة في تلك الفترة، إذ أنهم قاموا باختراع نظام للأعداد كان كناية عن شحطات تذكرنا قليلاً بالأرقام الرومانية التي جاءت بعدها بثلاثين قرن وهم أول من جاء بفكرة أن قيمة الأرقام تتحدد بموقعها ضمن العدد. وهذه الأرقام مكنتهم من إثبات أموال المعابد، فكانت تثبت البيانات على ألواح من الطين الطري يشوى فيما بعد نظراً لخلو أرضهم من الأحجار.

كما أظهرت بعض الحفريات في خرائب بابل آثار لما يشبه السجلات المحاسبية كانت في شكل ألواح من الطوب، هذا بالإضافة إلى أن شرائع حمورابي التي ظهرت على برج بابل فقد اشتملت هي الأخرى ضمن موادها على مادتين تتعلقان بالأحكام التجارية، ومن هنا نلاحظ أن القانون بدا يأخذ دوره في تنظيم التجارة وبالتالي تنظيم المحاسبة، إذ أن القانون يعتبر أحد العوامل البيئية التي تؤثر على تطور المحاسبة.

ويرجع أكثر نظام محاسبي متطور في تلك الفترة إلى الحضارة الفرعونية نظراً لوجود الأنشطة الاقتصادية المختلفة بما فيها البناء والتشييد (وخير مثال على ذلك بناء الأهرامات 3000 ق . م) فكان هناك تنظيم للدفاتر والسجلات لحساب وقياس تلك الأنشطة ولو في إطار كمي. ومن الأشياء المهمة التي يجب أن تذكر هنا. هي ان مصر كانت الدولة الوحيدة المنتجة لورق البردي في الحضارات القديمة، إضافة إلى أنها كانت منتج كبير للقمح، وهذا ما ساعد على تطور التجارة وخاصة الخارجية، وكذلك توفر الورق بكميات كبيرة ساعدهم على التسجيل المحاسبي. وهنا نجد أن المحاسبة دالة في التطور الاقتصادي.

ونستطيع أن نستدل من القرآن الكريم على تطور الحياة الاقتصادية في تلك الفترة وذلك من خلال ما ورد في قصة سيدنا يوسف التي ورد ذكرها في القرآن الكريم { **قال اجعلني على خزائن الأرض أني حفيظ عليم**}. سورة يوسف الآية: 55.

وهذا يدل على أن المحاسبة في تلك الفترة كانت مقتصرة على نظام متطور للمخازن، حيث نستدل على ذلك أيضاً من احتفاظ سيدنا يوسف بالغلال سبع سنين متتالية.

إن وضع مصرـ الاقتصادي والمزدهر جعلها مركز مهم للتجارة، فكانت التجارة فيها في شكل مقايضة، أي تعادل قيمة الصادرات والواردات. وكان الحليف الاقتصادي الكبير لمصر في تلك الفترة هم اليونانيون لأنهم كانوا يعانون من نقص كبير في القمح وندرة في ورق البردي. والتجارة بين مصر واليونان تطورت في بعض المراحل التي استخدمت فيها العملة الفضية اليونانية وذلك في القرنين الخامس والرابع قبل الميلاد حيث دلت الحفريات على وجود كميات كبيرة من العملة اليونانية في تلك الفترة.

ومن حيث التطور يأتي النظام الذي استخدمه اليونانيون في أثينا(الحضارة الإغريقية بعد نظام المصريون القدماء، حيث يعتبر الإغريقيون أول من استخدم حسابات لقياس المدفوعات والمقبوضات، وقد اكتشفت بعض العمليات المحاسبية التي كتبت على ورق البردي والتي عثر عليها بمصر عندما كانت خاضعة للسيطرة اليونانية بزعامة الاسكندر وذلك في القرن الثالث قبل الميلاد. ولا بد من الإشارة إلى أن الهدف الأساسي من مسك السجلات خلال الحضارة الإغريقية هو من أجل الحفاظ على ممتلكات وثروة الطبقة الحاكمة وصيانتها). ومن التطورات المهمة في الاقتصاد في عهد الاسكندر، هو احتكار التجارة الدولية لأول مرة في التاريخ وهذه فكرة المشرف على الشؤون المالية " كليومنيس"، حيث قام بتوزيع شبكة من الوكلاء في الموانئ المختلفة للتحكم في الأسواق الخارجية واستغلال أوضاعها الاقتصادية.

ومن المظاهر الأخرى للتطور الاقتصادي خلال الحضارة الإغريقية في مصرـ أنه كانت هناك رقابة على العملة في عهد بطليموس الثاني فيلادلفوس (285 – 246 ق.م). وهذا ما يبينه بيان ملكي بخصوص وجوب استبدال التجار الأجانب للعملة التي بحوزتهم بالعملة الفضية البطلمية ليستخدموها في عقد صفقاتهم في الإسكندرية وداخل البلاد. كذلك كان هناك سيطرة للبطالمة في تلك الفترة على اقتصاد البلاد

(مصر)، فكانت هذه السيطرة نسبية، من احتكار كلي إلى إشراف جزئي، بحسب الصناعات، فصناعة مثل الزيت والملح مثلاً، كانت محتكرة كلياً، وهذا ما توضحه بردية هامة تعرف باسم (بردية قوانين الدخل للملك فيلادلفوس) وهذه البردية تطلعنا على مدى تحكم الدولة الكامل في جميع مراحل إنتاج الزيت.

أما التجارة الخارجية في العصر ـ البطلمي، فلم تكن محتكرة من قبل البطالمة فقط، ولكن كان مسموحاً بالتجارة الخارجية في العصر البطلمي، فلم تكن محتكرة من قبل البطالمة فقط، ولكن كان مسموحاً بالتجارة الخارجية الحرة، فكان يقوم بها بعض المواطنين وكذلك أجانب، وهذا قد يكون بداية ظهور فكرة الشركات متعددة الجنسية، المتمثلة في عقود تبرم بين مجموعة من الأشخاص من جنسيات مختلفة لاستيراد بعض البضائع.

والآن، وبعد هذا العرض السريع لتطور الفكر المحاسبي خلال فترة ما قبل التاريخ، سأقوم بتلخيص أهم النقاط الرئيسية التي حدثت في تلك الفترة:

1. اختراع الأرقام في الحضارة الآشورية، من قبل الكهنة السومريين، وذلك ساعد على عمليات الإثبات المالية.

2. اهتمام أكثر بالتجارة في الحضارة البابلية عنه في الآشورية، وهذا ما تظهره شرائع حمورابي.

3. تطور الحياة الاقتصادية في الحضارة الفرعونية، وما نتج عنه من تنظيم للدفاتر والسجلات لحساب وقياس تلك الأنشطة ولو في إطار كمي.

4. أول محاولة لإنشاء تجارة دولية احتكارية في عهد الاسكندر.

5. ظهور العملة في تلك الفترة، ونستدل على ذلك من خلال ما ورد عن قصة أهل الكهف في سورة الكهف، قال الله تعالى: { فابعثوا أحدكم بورقكم هذه إلى المدينة فلينظر أيها أزكى طعاماً فليأتكم برزق منه وليتلطف ولا يشعرن بكم أحدا}.

6. أول ظهور لفكرة الرقابة على العملة في الحضارة الإغريقية.

7. بدايات التكوين الشركات التي تضم أفراد من جنسيات مختلفة (شركات متعددة الجنسيات).

عرف الإنسان المحاسبة منذ بدء الحضارة الإنسانية، و تشير معظم الدراسات إلى أن أكثر الأنظمة المحاسبية القديمة تطوراً كان النظام الذي عرفه الفراعنة في مصر حيث كان المحاسب يستخدم سجلات كمية لإحصاء ثروات الملوك والقياصرة والفراعنة.

ومع نشوء وتطور الدولة الإسلامية (ما بعد عام 600 ميلادي)، تطورت تطبيقات المحاسبة حيث أنشأت الدواوين والأجهزة التي تهتم بالمال العام ولعل أشهرها بيت المال الذي أنشأة الخليفة عمر بن الخطاب رضي الله عنه، وقد شهدت العصور الوسطى بدايات نظم محاسبية لحصر موجودات المزارع التي يمتلكها الإقطاعيون في انكلترا وتسجيل نفقات تلك المزارع وإيراداتها.

وحتى بداية القرن العاشر الميلادي كانت السجلات المحاسبية بدائية لا تزيد عن كونها مذكرات يثبت فيه التجار ومقرضو الأموال معاملاتهم المالية الآجلة مع الغير بقصد إظهار ما يترتب على هذه المعاملات من حقوق والتزامات، أما العمليات النقدية فكان التاجر يخضعها لرقابته الشخصية دون الحاجة لتسجيلها وقد أطلق فيما بعد على هذا الأسلوب في تسجيل المعاملات المالية مصطلح القيد المفرد.

وكان للثورة الصناعية الأثر البالغ في تطور المحاسبة حيث أخذت المشروعات الكبيرة تحل محل المشروعات الفردية، ونشأت الحاجة إلى رؤوس الأموال الضخمة لتمويل المشروعات وانفصلت الإدارة عن الملكية.

ومع تطور الشركات الصناعية وظهور الاحتكارات والشركات المساهمة ومن بعدها الشركات المتعددة الجنسيات وظهور الشركات العملاقة من صناعية وتجارية ومالية وتطورت المحاسبية وتعددت فروعها وسائلها وأساليبها، ووجدت هيئات محاسبية مستقلة أخذت تعمل على تطوير علم المحاسبة والقيام بالبحوث والدراسات وتقديم التوصيات ووضع المبادئ المحاسبية التي تمكن هذا العلم من مواكبة كافة التطورات الاقتصادية.

الجمعيات المهنية الدولية وأثرها على تطوير النظام المحاسبي

لقد تطور مفهوم عمليات تسجيل المعاملات التجارية، خلال المراحل التاريخية المختلفة، من مفهوم ضيق أي مسك الدفاتر إلى أن أصبح اليوم معروف بمفهوم النظام المحاسبي، بمعناه الواسع، بأنه أحد فروع علم الاقتصاد. (الاقتصاد القياسي أو الكمي)، يرتبط ارتباطاً واسعاً بعلم الرياضيات والإحصاء. أن نظرية المحاسبة الحديثة (نظام القيد المزدوج)، وضعها الرياضي الربان (لوكا باتشيولو) في أي مبادئ (Geometria, Proportion et).

كتاباته تحت العناوين (Summa di Proportionalita) (Arithmatica)   الحساب، الهندسة، التساوي، أي المعادلة والنسب، والتي صدرت في مدينة البندقية (فينسيا) في إيطاليا سنة 1494، كما تأسس في عام 1581 أول معهد للمحاسبة في المدينة نفسها. تعتمد على جوهر هذه النظرية في مبدأ المدين والدائن، جاءت كإحدى اكتشافات الرياضية، التي تقول، أن لكل قيد حسابي مدين يقابله قيد حسابي دائن، أي بمعنى آخر أن المجموع الجبري لجانب المدين يساوي المجموع الجبري لجانب الدائن، وأن الفرق بينهما يساوي صفر، وبذلك تحتفظ المتعارف عليها بتقرير النتيجة أي الأرباح والخسائر والميزانية العمومية التي تعبر عن وسائل إنتاج الوحدة الاقتصادية ومصادر تمويلها، معبراً عنها بوحدة النقد وفي وقت محدد، مع أخذ بنظر الاعتبار تعديل هذين التقريرين، في حالة كون نسبة التضخم المالي عالية عند إعداد هذين التقريرين.

تعتبر المحاسبة جزء من نظام المعلومات الاقتصادي-العلم الكمي والمعلوماتي (سبيرنتيك وانفورماتيك). تهدف إلى تجميع وتصنيف البيانات، تسجيلها ومعاملتها وتفسيرها وتحليلها وعرضها وتقديمها بشكل تقارير ومعلومات، معبرتا عنها بوحدة نقدية وفي وقت محدد.

تزود المستويات الإدارية المختلفة بهذه المعلومات، ليستفيد منها في عملية اتخاذ القرارات الاقتصادية والإدارية. من أجل إنجاز هذه المراحل من العمليات المحاسبية، لا بد من وجود الوسائل اللازمة لتجميع وتسجيل وتفسير وتحليل وعرض هذه البيانات،

وهي مـا تسـمى بالمسـتندات والمجموعـة الدفتريـة والتقاريـر المحاسـبية، والتي بمجموعها تشكل نظاماً متكاملاً للمحاسبة.

المحاسبة كنظام من ناحية، وفـن مـن الناحيـة الأخـرى. لهـا جانـب نظري وجانب آخر تطبيقي.

فالأول يتمثل في النظرية المحاسبية ومبادئها وقواعدها، والجانب الآخـر يتكون من شقين، الأول يتضمن القوانين والأعـراف والأنظمـة، والثـاني هـو الجانـب الفني –القيد المزدوج، المستخدم في عملية إنتاج البيانات الاقتصادية وقيـاس الأداء وتقيمها.

إن تركيب النظام المحاسبي، هـو الـذي يحـدد وظائفـه، إذ يمكن تقسـيم تركيب النظام المحاسبي إلى الأنظمة الفرعية التالية:

1) قسم التبويب وتسجيل المعاملات الاقتصادية، مسك الدفاتر.

2) قسم الاحتساب، قياس الموارد الاقتصادية للمنشأة، محاسبة التكاليف.

3) التقاريـر المحاسـبية، تمثـل في إنتـاج البيانـات، وعرضـها. تزويـد المسـتويات الإدارية المختلفة داخل وخارج المنشأة بهذه المعلومات، للاسـتفادة منهـا في عملية اتخاذ القرارات الاقتصادية والإدارية.

4) التحليل المالي، ترجمة هذه البيانات بشكل علمي، لتسهل على عملية اتخاذ القرارات الاقتصادية والإدارية النهائية.

الفصل الثالث

مناهج دراسة النظرية المحاسبية

مناهج دراسة النظرية المحاسبية

الإطار المفاهيمي للنظرية المحاسبية:

يمكن أن نعرف النظرية على أنها افتراض تم اختياره في حدود مقبولة، أو هي أفكار مقننة تحاول أن توضح.

تهدف النظرية المحاسبية إلى:

1) التنبؤ بالسلوك للظواهر في ظل ظروف محددة.

2) التقييم والتفسير المنطقي للظواهر.

3) توجيه السلوك بما يكفل تحقيق قيم وأهداف محددة.

أما تعريف المفاهيم فيتضمن إدراكاً ذهنياً يحدد ماهية أو جوهر الأشياء، وتكون هذه المفاهيم في مجموعها نطاقاً توصيفياً متماسكاً للمادة العلمية.

ويجب على المفاهيم المحاسبية أن تتصف بما يلي:

1) أن تكون عملية، أي تكون ذات خصائص قابلة للقياس.

2) أن تكون إجرائية، بمعنى أن تشتمل على مضمون يوضح إجراءات محددة.

تكون الفروض مقدمات علمية تتميز بالعمومية وتتمثل في مجموعة الحقائق المعروفة بالفعل، وتستخدم بهدف عرض بعض الأفكار التي تصلح كنقطة ابتداء في سبيل الوصول إلى المبادئ العلمية التي تكونت منها هذه النظرية.

هناك شروط ملائمة لصياغة الفرضية تشمل:

أ- استقلالية هذه الفروض والتي يجب ان تتناسق مع المفاهيم الموضوعة في النظرية.

ب- قد تكون هذه الفروض رئيسية ومن ثم تقسيمها إلى فروض ثانوية لكي يتم تحليلها بكل سهولة.

ج- يجب أن تكون الفروض محددة العدد حتى يمكن حصرها.

أنواع الفروض المحاسبية المنهجي:

وتقسم الفروض إلى أنواع مختلفة هي:

1) فروض وصفية والتي ترتبط بواقع حال المنشأة ومدى فاعلية النظام المحاسبي المطبق فيها.

2) فروض قياسية تشتمل على فروض قياسية التي يمكن أن يتم التحقق عنها بشكل أكثر دقة مما عليه في الفروض الأخرى.

وظيفة النظرية المحاسبية:

تكمن وظيفة النظرية المحاسبية في النقاط المهمة التالية:

1) تساعدنا في إيجاد التفاعل والعلاقات المتداخلة بين الأفكار.
2) يمكنها مساعدة التنمية في الطاقة للعمل.
3) المساعدة في إيجاد فحص ما تم تنفيذه حتى نستطيع أن نرى الدوافع والأسباب التي تواجه المعالجة.
4) تساعدنا في تحديد الأهمية النسبية للأفكار.
5) تساعدنا في تقييم البدائل من الأفكار والطرق.

يجب على النظرية المحاسبية أن لا تصل إلى مستوى التطبيق والتفسير المتوفر للنظرية العلمية الطبقية، وذلك بسبب مناقشتها لقواعد محاسبة هي في صميم وضع البشر، حيث أن الممارسة تسبق في وجودها النظرية، حيث أن النظرية المحاسبية هي تفسير للتطبيق القائم على الممارسة.

إن النظرية المحاسبية المشمولة يمكن أن تولد منافع مهمة كما يلي:

1) زيادة المنفعة والثقة في الميزانية.
2) تحديد مبادئ قياس لتحضير ميزانية مالية.

المناهج المتبعة في دراسة النظرية المحاسبية

1) **المنهج الواقعي**: قد يكون الأكثر قبولاً بين المحاسبين حيث استخدام المنهج لتطوير النظرية المحاسبية بالاستناد إلى مفهوم المنفعة. إذ بعد تحديد المشكلة فإن الباحث يحاول إيجاد حل منفعي بإيجاد حل عملي لهدف معين. أو إيجاد حلول كثيرة لمشكلة معينة.

2) **المنهج الإستنتاجي**: يبدأ هذا المنهج بالتحليل من العام إلى الخاص ويتم تطبيقه في المحاسبة وفق ما يلي:

- تحديد القيود الخاصة لقياس المعلومات المحاسبية.

- تحديد المفاهيم والمصطلحات المحاسبية.

- تحديد أهداف التقارير الحالية.

- تحديد الفروض المحاسبية الأساسية.

- استنتاج المبادئ العامة للمحاسبة.

- استخلاص القواعد والطرق المعدة لهذا.

3) **المنهج الرياضي المحاسبي**: يمكن أن يصاغ الأفكار والمفاهيم المحاسبية في صورة نماذج رياضية لتعطي كل فكرة أو مفهوم بعد ذلك رمزاً رياضياً، ويستخدم حبرياً.

4) **المنهج العلمي**: والذي طور من أجل البحث العلمي، ويشتمل على خطوات مهمة منها، تعين المشكلة التي يمكن دراستها، وتعيين الفرضيات حتى يمكن اختبارها، وجمع الحقائق والبيانات التي تبدو ضرورية، واستخدام النتائج المؤقتة.

الإطار العام للنظرية المحاسبية الحديثة:

إن أول التطور الحديث في النظرية المحاسبية تشتمل على نظرية القرار والتي تركز على قياس الأرباح أو الدخل، حيث تحاول هذه النظرية أن تفسر كيف تصنع

القرارات بالإضافة إلى محاولتها إظهار كيفية اتخاذ القرارات. هنالك عـدة تحاليل لصنع القرارات تشتمل على:

أ‌-   تحديد الحلول البديلة للمشكلة.

ب- تقرير الحل البديل الأفضل.

ج-   إدراك المشكلة أو الحاجة إلى قرار.

د‌-   تقييم أو تصنيف المعلومات.

ه‌-   المصـادقة عـلى القـرار عـن طريـق التغذيـة الراجعـة للمعلومـات النظريـة والمحاسبية.

أما نظرية القياس فتعتبر ذات أهمية كبيرة للمحاسب لأنها تعالج مشكلة تقييم وتمثيل البيانات حتى تبين أهميتها بصورة صحيحة.

ويمكن تعريف القياس على أنه مقارنة الأعداد بالأشياء والأحداث حسـب القواعد المحددة الواجب القياس بها. ويحدد هنا أية أحداث أو أشياء يجب أن تقاس، وماذا يجب أن يكون بعد وحـدة القياس وأي مقياس يجب أن يستعمل. وعندما يكون الهدف الأساسي من المحاسبة هو توفير المعلومات لصنع القرار، لذا فإن طبيعة القرار تقرر أية أحداث يجب أن تقاس. وبشكل عام فإن متخذ القرار يجب أن يوفر سمتين رئيسيتين هما:

1) أن تصلح أساساً لعملية التنبؤ.

2) أن تكون القياسات ملائمة ومفيدة.

وهنالك نظرية المعلومات والتي تعالج مشكلة الكفـاءة في اسـتخدام المعلومة عن طريق المقابلة بين تكلفة إنتاج المعلومة والعائد أو الفائـدة المحققـة من استخدامها في اتخاذ القرار.

ويمكـن أن تنبـع أهميـة دور المحاسـب في زيـادة كفـاءة الانتفـاع مـن المعلومات وذلك من خلال السعي نحو تخفيض تكلفـة المعلومـة في إطار مفهوم الجدوى الاقتصادية الهادفة لتعظيم الفائدة المحققة منها.

أما نظرية الاتصال فتعتبر من أهم عمليات المحاسبة في المرسل والمستقبل. حيث أكدت الجمعية الأمريكية للمحاسبة على أهمية هذه النظرية عندما أبرزت بأن أغلب المشاكل المحاسبية تكمن في عملية الاتصال.

وبذلك تهدف عملية النظرية الاتصالية إلى توظيف البيانات والمعلومات بأفضل شكل ممكن لصالح مستخدم المعلومات المحاسبية.

هناك افتراض للإطار العام للنظرية المحاسبية الحديثة تقوم على:

- المحاسبة السلوكية تشتمل رد فعل العاملين تجاه المعلومات.
- نظرية المعلومات المحاسبية.
- نظرية الاتصال.
- الأفراد.
- نظرية القياس المحاسبي.
- تبويب وترحيل.
- الهيكل الأفقي والعمودي.
- نظرية القرار.

الفصل الرابع

نظرية المبادئ المحاسبية

نظرية المبادئ المحاسبية

تعريف المبادئ المحاسبية:

هي القوانين والقواعد العامة التي لاقت قبولاً عاماً في الإطار النظري والتطبيق العلمي، باعتبارها مرشداً ودليلاً للعمل يلجا إليه المحاسبون في مواجهة المشاكل المحاسبية وتقديم الحلول لها وإتباع الإجراءات والسياسات المحاسبية.

نظرية مبدأ التكلفة التاريخية:

هذه النظرية من أهم العناصر المحاسبية، وتعتمد على الأسلوب التقليدي للقياس المحاسبي المبني على أساس التكلفة الفعلية التي تحققت في تاريخ حصولها على الأصول الثابتة وحيازته بمعزل عن قيمته الحالية في السوق، ومن مميزات هذه النظرية هو اعتمادها على قياس الموارد والتدفقات الداخلية والخارجية على أساس التكلفة الأصلية للحدث بمعزل عن التقلبات عن المستوى العام والخاص للأسعار وذلك دون الأخذ بالحسبان التغيرات التي تؤثر على القوة الشرائية للنقد.

من فوائد نظرية التكلفة التاريخية:

1) إعادة تقدير مستمر للموارد والأصول في حالة التخلي عن الأساس التقليدي للقياس المحاسبي.
2) اختلاف الجهات الضريبية في مختلف الدول، وبذلك تلزم الوحدات الاقتصادية بإتباع مبدأ التكلفة التاريخية كأساس للقياس المحاسبي.
3) تفاوت أسعار الشراء عن أسعار البيع من أجل اعتماد اسعار السوق.
4) الإنسجام مع فرضية الموضوعية ومبدأ تحقق الإيراد.

أما عيوبها:

1) يتم سداد ضرائب عن أرباح لم تتحقق بسبب انخفاض مصاريف الاهتلاك.
2) غياب المصداقية في التعبير عن التكاليف الحقيقية في السوق.
3) تخلق صعوبة عملية في تأمين عملية المقارنة بين المعلومات المحاسبية.
4) انخفاض رأس المال وحقوق الملكية.

نظرية تحقق الإيراد

من أهم شروط تحقيق الإيراد، أن يكون الإيراد هو عبارة عـن تـدفق مـالي أو نقدي داخلي ويقابله تـدفق سـلعي أو خـدمي خـارجي، كـما يجـب أن يكـون الإيراد ناجماً عن إنجاز بعض العمليات الأساسية. كما خضوع عملية التـدفق التـي تحقق الإيراد لعملية القياس المحاسبي، كـذلك الحكـم بموضـوعية عـلى دور كـل مرحلة في النشاط مقدرتها على تحقق الإيراد للتوصل إلى النقطة التي يمكن القول بأن الإيراد قد تحقق. كذلك مراعاة الظروف والخصـائص التـي تميـز هـذا النشـاط الاقتصادي عن غيره.

أن القاعدة العامة لتحقيق الإيراد تشمل عـلى اكتسـاب الإيراد والقدرة عـلى قياسه محاسبياً، ويتحقق ذلك من خلال ما يلي:

1) الإيراد يتحقق قبل البيع ويتضمن ذلك نشاط التشـييد والمقـاولات ويتطلـب فترة طويلة مالية. مما يصعب الحكـم عليه بدقـة. وعنـدما يـتم إبـرام عقـود الإنتاج لأصناف معينة بموجب مواصفات محددة لعملاء معينين، بذلك يصـبح بمقدورنا البيع من خلال تحققه وان يـتم اسـتلام قيمـة بعـض الأصـناف مـن المنتجات في فترة تسبق البيع والتسـليم، وحتـى أثنـاء الإنتـاج. ويـتم الموقـف المحاسبي كما يلي:
×× من حـ/ شيكات القبض.
××إلى حـ / المبيعات.
(بيع بضاعة بشيك)
أو ×× من حـ/ شيكات برسم القبض.
×× إلى حـ/ شيكات برسم القبض
×× إلى حـ/ دفعات مستلمة سلفاً.
(استلام دفعات سلفاً بشيك)
أو ×× من حـ / المبيعات.
(إتمام عملية البيع)

2) الإيراد يتحقق بعد الإنتهاء من الإنتاج، حيث من الممكن أن يتم الانتهاء مـن الإنتاج وقبل إتمام إجراءات البيع، وهذا يعتمد على:

- القدرة على وضع أسعار موضوعية.
- الثقة والاطمئنان بإمكانية الحصول على قيمة المبيعات.
- التحقق من البيع المحقق.

3) الإيراد يتحقق عند التحصيل النقدي، من المهم التأكيد على استلام قيمة تلك المبيعات نقداً من الإيراد، وذلك يتحقق من خلال عدم التأكد والثقة بالحصول على قيمة المبيعات الآجلة. ومما يتطلب العمل على تكوين مخصص للديون المشكوك بتحصيلها لتخفيف درجة المخاطرة بتحصيل الدين.

نظرية ثبات وحدة النقد

تدعو هذه النظرية إلى أن القيمة الحقيقية للنقد ثابتة، وهنا من الصعب قبوله في ظل الأزمات الاقتصادية وخاصة في ظل التضخم الذي يؤدي إلى انخفاض القوة الشرائية للنقد، والذي يؤدي إلى غياب التعبير الحقيقي، والصادق لمفردات الأصول والخصوم غير المتجانسة التي تقاس بوحدة نقدية ثابتة شكلياً متغيره فعلياً.

هذا يؤدي إلى التخلص من الفكر المبدئي المحاسبي في ظل التضخم بسبب الارتفاع المستمر في المستوى العام للأسعار، مما يلزم عدم إمكانية القبول بفرضية ثبات القوة الشرائية للوحدة النقدية.

نظرية مبدأ الدورية:

يتطلب تحقيق هذه النظرية عدم الانتظار إلى ما لانهاية لمعرفة نتاج أعمال المشروع من ربح أو خسارة والوقوف على حقيقة ما للمشروع من حقوق وفاعلية من التزامات متمثلة بأصول وخصوم المشروع التي تتضمنها الميزانية العمومية في تاريخ معين. إن الفترة المالية بطابع التكرار والدورية على علاقة طردية بين طول الفترة وإمكانية الحصول على معلومات دقيقة، لذلك تسعى الوحدات الاقتصادية على توفير أنظمة محاسبية كفوؤه وفعالة تنفذ من قبل كادر محاسبي مؤهل يؤمن توفير المعلومات المحاسبية والتي تتمتع بالدقة والسرعة.

يظهر مبدأ الدورية في إلزام مالكيها بضرورة تقديم قوائم مالية سنوية، والدعوة للسلطات الضريبية إلى تحديد وعاء الضريبة بشكل سنوي، حيث الالتزام بمبدأ الدورية مع كل النظريات السابقة يؤدي إلى تجسيد الأساس الإستحقاقي للتسجيل المحاسبي وما ينجم عنها من ظهور مقدمات لكل من المصاريف والإيرادات على ضوء الجرد السنوي.

الفصل الخامس
نظرية العلاقة بين علم المحاسبة
وبعض العلوم الأخرى

نظرية العلاقة بين علم المحاسبة
وبعض العلوم الأخرى
علاقة علم المحاسبة بعلم الرياضيات

حيث هنالك علاقة وثيقة لعلم المحاسبة مع العلوم الرياضية وأساليب التحليل الكمي وطرق بحوث العمليات والنماذج، وتعتمد المحاسبة في تحقيق وظيفة القياس على أساس الأساليب الرياضية واستخدام المعادلات الرياضية والجبرية في التعبير عن أساليب تحليل التعادل وتحليل التكاليف.

هنالك استخدام للأساليب الرياضية وطرق بحوث العمليات منها:

1) طريقة السميلكس والبرمجة الخطية.
2) تحليل المسار الحرج.
3) تحليل بيرت للتكاليف.
4) تقومي ومراجعة المشروعات.
5) تحليل المدخلات والمخرجات.
6) البرمجة العددية.
7) التحليل الشبكي.
8) تحليل طرق المواصلات.
9) المعادلات الجبرية في توزيع التكاليف غير المباشرة.
10) طرق المصفوفات.

يجب على المحاسب أن يكون ملماً ببعض الأساليب والطرق الرياضية، ولكي تتفاعل كل من الرياضيات والإحصاء والمحاسبة في تقديم خدمة متميزة للإدارة في اتخاذ قراراتها بشأن استبدال وإحلال بعض الأصول الحديثة محل الأصول القديمة التي لم تعد تعادل تكاليف الحفاظ عليها وإهلاكها السنوي.

علاقة علم المحاسبة بعلم الإحصاء

هناك استخدام لعلم المحاسبة للعديد من الأساليب الإحصائية في عرض البيانات مثل أسلوب تصنيف الأحداث والمعاملات المالية، إن ما ينجم عنها من بيانات محاسبية يستوجب عكسها في أسماء الحسابات المعنية لإثبات القيود المحاسبية وفقاً للطرق القيد المزدوج. كما أن علم المحاسبة يسترشد بالمفاهيم الإحصائية في التبويب عند إعداد دليل الحسابات. ويعتمد علم المحاسبة والإحصاء معاً على البيانات وذلك بهدف تحليلها والاستفادة منها في التوصل إلى نتائج وحقائق محددة.

لكن هناك اختلاف في أسلوب معالجة والتحليل ويلتقيان من جديد في أسلوب عرض المعلومات في تقارير مالية وكشوفات إحصائية ورسوم بيانية وأشكال هندسية.

يلجأ إلى الاستفادة من الإحصاء ليتم تصنيف العمليات والنشاطات وعناصر التكاليف ومراكز التكاليف ومقومات بناء نظم الموازنات التقديرية باستخدام الطرق الإحصائية في التنبؤ.

ويستخدم المحاسب العديد من النماذج الإحصائية أثناء ممارسته لعملية الرقابة حيث يلجأ إلى تطبيق نظرية العينات على الحسابات الواجب مراجعتها نظراً لصعوبة تطبيق المراجعة التفصيلية.

ويعتمد الإحصائي على المحاسب من خلال تقديم بيانات تحليلية وتفصيلية تعبر عن مختلف الأنشطة التي يقوم الإحصائي بتحليلها وربط المتغيرات والعلاقة النسبية بين تلك النتائج.

علاقة علم المحاسبة بعلم الاقتصاد

يعتمد على علم الاقتصاد في دراسة حلقات الإنتاج والتبادل والتوزيع والاستهلاك والمشكلة الاقتصادية والتي تعني ضرورة الاستغلال العقلاني والأمثل للموارد الاقتصادية النادرة والمتاحة. ويتطلب من الاقتصادي أن يقدم حلاً للمشكلة الاقتصادية من خلال:-

أ‌) عدالة توزيع الناتج المتحصل والعمل على رفع كفاءتها.

ب‌) عقلانية السلوك الإنفاقي للأفراد لأجل إشباع حاجاتهم.

ج‌) التخصيص الرشيد للموارد الاقتصادية.

إن علم الاقتصاد يدرس علاقة الإنسان مع محيطه وعلاقات الإنتاج الاجتماعية، ودور الفرد في تحقيق النمو الاقتصادي، ويركز على دراسة السلوك الاقتصادي من أجل وضع مبادئ ومعايير لذلك السلوك بهدف وضع تسلسل منطقي لسلم أفضليات الحاجات المطلوبة إشباعها للفرد.

يهتم الاقتصاد بنموذج القياس الكلي لتلك المفاهيم والمتغيرات، أما المحاسب فيركز على نموذج القياس الجزئي. حيث يدرس علم الاقتصاد اقتصاد الدولة ككل والمؤسسات ضمن إدارة الاقتصاد الوطني. أما المحاسبة المالية والإدارية تركز في دراستها على المؤسسة كوحدة أساسية والأرقام والإدارات التي يكونها كأجزاء منها.

نجد أن هنالك علاقة وصلة مشتركة ومنافع إذ أن كل منهما يخدم الآخر، لكن ليس بالإمكان القول بأن أحدهما جزء من الآخر وتابع له في الوقت الحاضر، لكن كلاً منهما يمثل فرعاً مستقلاً من فروع المعرفة يتأثر ويؤثر أحدهما بالآخر. إن المحاسب ذاته.

علاقة علم المحاسبة بعلم الحاسوب

إن ثورة القرن العشرين والتقنية في استخدام الحاسوب في مختلف مجالات الحياة وفي أولوياتها المحاسبة، حيث ساهم بشكل فعال في تطوير المحاسبة ورفع كفاءتها ومقدرتها على اتخاذ القرارات الإدارية نظراً لما تميزت به المعلومات المحاسبية من خصائص نوعية جديدة وفي أولوياتها السرعة والدقة والتفضيل والملاءمة بفضل استخدام الحاسوب والانتقال بالأنظمة المحاسبية اليدوية إلى الأنظمة الآلية والإلكترونية، إن قدوم الحاسوب جاء ليقدم الحل النهائي والجذري لذلك التأخير لدرجة أنه خلق شعور وخوف وهلع لدى المحاسبين بأن إحلال واستخدام الحاسوب سوف يؤدي إلى خلق جيش من العاطلين في وسط المحاسبين.

ثم دخل برامج حاسوبية في المحاسبة مثل برنامج علمي مستخدم في الحياة اليومية كبرنامج الإكسل واللوتس والونورد والوندوز.

علاقة علم المحاسبة بنظم المعلومات

إن عصر التسعينات تميز بالعديد بالثورات ومنها الثورة الأخيرة التي بدأت تظهر في عام (1997م) والمتعلقة بالاستنساخ البشري، والتي كانت وما زالت موضع نقاش حاد من النواحي الدينية والأخلاقية والاجتماعية والقانونية والفقهية، وهي ثورة شبكة المعلومات وإبراز أهمية المعلومات في صنع القرارات.

كما أن المحاسبة هي أساساً نظام للمعلومات يقيس الأحداث الاقتصادية ويقوم بتقديمها على شكل معلومات محاسبية لاستخدامها في صنع القرارات، ونجد الصلة بين علم المحاسبة والمعلومات على علاقة وطيدة ومستمرة، حيث أن نظام المعلومات المحاسبية يعتبر أحد أهم نظم المعلومات الإدارية.

علاقة علم المحاسبة بالعلوم الهندسية

هناك علاقة قوية بين علم المحاسبة والعلوم الهندسية والعلوم الهندسية تتمثل في حاجة هندسة الإنتاج إلى حساب تكاليف الإنتاج وتحليل عناصر التكاليف وتوزيعها على مراكز التكاليف الإنتاجية والخدمية.

هذا يتم بالاعتماد على دور المهندس الذي يساعد المحاسب في إعداد دليل لمراكز التكاليف بناء على الترتيب الداخلي للمصنع وسير وتسلل الخطوط والمراحل والعمليات الإنتاجية ومواقع تواجد الآلات والمعدات والأجهزة التكميلية والمساعدة الخدمية.

ويجب على المهندس أن يخدم المحاسب في حصر وإعداد وحدات القياس النشاط الإنتاجي والتسويقي ليتم على ضوء إعداد دليل وحدات التكلفة التي تشكل أساس قياس تكلفة الإنتاج. وأن يكون المحاسب ملماً بالعمليات التكنولوجية والمعادلات الفنية في حساب تكلفة المواد الخام الرئيسية والمساعدة بنوعيها التكاليف

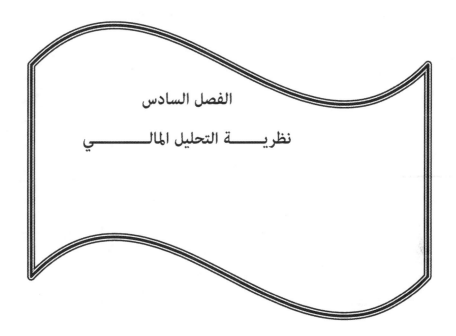

الفصل السادس

نظريــــة التحليل المالــــي

نظرية التحليل المالي

مفهوم التحليل المالي:

هو علم لـه قواعـد ومعـايير وأسـس يهـتم بتجميـع البيانـات والمعلومـات الخاصة بالقوائم المالية للمنشـآت وإجـراء التصـنيف الـلازم لهـا، ثـم إخضـاعها إلى دراسة تفصيلية دقيقـة وإيجـاد الـربط والعلاقـة فـيما بيـنهما، فمـثلاً العلاقـة بـين الأصول المتداولة التي تمثل السيولة في المنشآت وبين الخصوم المتداولة التي تشـكل التزامات قصيرة الأجل على المنشآت والعلاقة بين أموال الملكية والالتزامـات طويلـة الأجل بالإضافة إلى العلاقة بين الإيرادات والمصروفات ثـم تفسـير النتـائج التـي تـم التوصل إليها والبحث عن أسبابها وذلك لاكتشاف نقاط الضعف والقوة في الخطط والسياسات المالية، بالإضافة إلى تقييم أنظمـة الرقابـة ووضـع الحلـول والتوصـيات اللازمة لذلك في الوقت المناسب.

استعمالات التحليل المالي:

يستعمل التحليل المالي للتعرف والحكم على مستوى أداء المنشآت واتخاذ القرارات الخاصة ويمكن استعمال التحليل المالي في الأغراض التالية:

1) التحليل الائتماني:

الذي يقوم بهذا التحليل المقرضين وذلك بهدف التعرف على الأخطـار التـي قد يتعرضون لها في حالة عدم قدرة المنشآت على سداد التزاماتها في الوقت المحدد لها.

2) التحليل الاستشاري:

الذي يقوم بهذا التحليل هم المستثمرون من أفراد وشركات حيـث ينصـب اهتمامهم على سلامة استثماراتهم ومقدار العوائد عليهـا، كـما أن هـذا النـوع مـن التحليل يستخدم في تقييم كفائة الإدارة في خلق مجالات استثمار جديدة بالإضـافة إلى قياس ربحية وسيولة المنشأة.

3) تحليل الاندماج والشراء:

يستخدم هذا النوع من التحليل أثناء عمليات الاندماج بين شركتين، فتتم عملية التقييم للقيمة الحالية للشركة المنوي شراؤها كما يعدد قيمة الأداء المستقبلي المتوقع للشركة بعد الاندماج في المستقبل.

4) التخطيط المالي:

يعتبر التخطيط المالي من أهم الوظائف للإيرادات وتتمثل عملية التخطيط بوضع تصور بأداء المنشأة المتوقع في المستقبل، وهنا تلعب أدوار التحليل المالي دوراً هاماً في هذه العملية من حيث تقييم الأداء السابق وتقدير الأداء المتوقع في المستقبل.

5) الرقابة المالية:

تعرف الرقابة المالية بأنها تقييم ومراجعة للأعمال للتأكد من أن تنفيذها يسير وفقاً للمعايير والأسس الموضوعية وذلك لاكتشاف الأخطاء والانحرافات ونقاط الضعف ومعالجتها في الوقت المناسب.

6) تحليل تقييم الأداء :

يعتبر تقييم الأداء في المنشأة من أهم استعمالات التحليل المالي، فيتم من خلال عملية إعادة التقييم الحكم على مستوى الأرباح وقدرة المنشأة على السيولة وسداد الالتزامات وقدرتها على الائتمان بالإضافة إلى تقييم الموجودات، أما للجهات التي تستفيد من هذا التقييم فهي إدارة المنشأة والمستثمرون والمعرضون والجهات الرسمية وبيوت الخبرة المالية وذلك على النحو التالي:

أ) إدارة المنشأة:

تقوم إدارة المنشأة بأعمال التحليل المالي وذلك لتحقيق الأغراض التالية:

1. قياس سيولة المنشأة.
2. قياس ربحية المنشأة.
3. تقييم كفاءة المنشأة وإدارة أصولها وخصومها.

4. اكتشاف الانحرافات السلبية في الوقت ومعالجتها.

5. معرفة مركز المنشأة بشكل عام بين مثيلاتها في نفس القطاع.

ب) المستثمرون:

يهتم المستثمرون بالتحليل المالي لتحقيق الأغراض التالية:

1. قدرة المنشأة على توليد الأرباح في المستقبل وذلك من خلال احتساب القوة الإيرادية للمنشأة.

2. معرفة درجة السيولة لدى المنشأة وقدرتها على توفيرها لحمايتها من الوقوع في العسر المالي.

3. تمكين المستثمرين من اكتشاف فرص استثمار مناسبة تتلاءم مع رغباتهم.

ج) المقرضون:

كما بينا في التحليل الائتماني حيث الغرض منه هو معرفة درجة السيولة لدى المنشأة، وهذا يتناسب مع المقرضون أصحاب الديون الأجل بالإضافة إلى معرفة درجة ربحية المنشأة على المدى الطويل وهذا يتناسب مع المقرضون أصحاب الديون طويلة الأجل.

د) الجهات الرسمية:

تقوم الجهة الرسمية ممثلة بالدوائر الحكومية بأعمال التحليل المالي لتحقيق الأغراض التالية:

1. لأغراض احتساب ضريبة الدخل المستحقة على المنشأة.
2. لأغراض التعسير لإنتاج المنشأة أو خدماتها.
3. لأغراض متابعة نمو تطور المنشأة وخاصة الصناعية منها.

هـ) بيوت الخبرة المالية:

هي فئات متخصصة بالتحليل المالي تقوم بتحليل المنشأة وبيان وضعها المالي بناء على تكليف من بعض الجهات مقابل الحصول على أتعاب.

وظيفة المحلل المالي:

المحلل المالي يقوم بوظيفتين رئيسيتان هما:

أولاً: الوظيفة الفنية

لقد بينا أن التحليل المالي هو علم له قواعد وأسس ومعايير، إما وظيفة المحلل المالي تتجلى فنياً في كيفية التعامل في استخدام وتطبيق هذه المعايير والقواعد على النحو التالي:

1. كيفية احتساب النسب المالية رياضياً.
2. تصنيف وتبويب البيانات والمعلومات بشكل يسمح بالربط بينها لأغراض الدراسة والمقارنة.
3. مقارنة المعلومات المستخرجة بما هو متوقع.

ثانياً: الوظيفة التفسيرية

وتتمثل هذه الوظيفة بتفسير النتائج التي تم الوصول إليها بشكل دقيق غير قابل للتأويل ووضع الحلول والتوصيات لهذه النتائج.

وعلى المحلل المالي عند مزاولته لوظيفته الفنية والتفسيرية مراعاة ما يلي:

1. الشكل القانوني للمنشأة.
2. طبيعة النشاط الذي تزاوله.
3. إدارة المنشأة.
4. مركز المنشأة في الصناعة أو القطاع الذي تنتمي له.
5. خصائص الصناعة التي تنتني لها المنشأة.
6. طبيعة الأنظمة الحكومية التي تعمل المنشأة في ظلها.
7. طبيعة السوق الذي تعمل به.
8. الموقع الجغرافي التي توجد به المنشأة.

أهداف التحليل المالي:

هي الطرق والأساليب والإجراءات التي يتعامل معها المحلل المالي في إجـراء عمليات التحليل المالي للقوائم المالية الخاصـة بـالعملاء، وهـذه المنهجيـة تحكمهـا بعض المبادئ والأسس العامة التي يجب أخذها بعين الاعتبار لإتمام عملية التحليـل المالي بشكل يتيح له تحقيق الهدف المطلوب ويمكن التعبير عنها بخطوات التحليل المالي:

1) تحليل الهدف عن عملية التحليل المالي:

يتحدد الهدف في عمليـة التحليـل المـالي عـلى ضـوء الموضـوع أو المشـكلة الموجودة لدى المنشأة حتى يـتمكن المحلـل مـن جمـع المعلومـات الخاصـة فقـط بالموضوع المعني ويوفر على نفسه الجهد والعناء والتكاليف غير اللازمة، فمـثلاً إذا تقدم أحد العملاء بطلب قرض من بنك تجـاري فيصـبح الهـدف الأسـاسي للمحلـل المالي لدى البنك من معرفة مدى القدرة المالية لهذا العميل عـلى سـداد القـرض في الوقت المحدد.

2) تحديد الفترة الزمنية التي يشملها التحليل المالي:

حتى تحقق عمليات التحليل المالي أهدافها فلا بد أن تشمل فـترة التحليـل للقوائم المالية لعدة سنوات متتالية، حيث أن القـوائم الماليـة لسـنة واحـدة قـد لا تكون كافية للحصول منها على المعلومات التي يستطيع المحلل من خلالهـا الحكـم على قدراتها وإمكانيات العميل.

3) تحديد المعلومات التي يحتاج إليها المحلل للوصول إلى أهدافه:

أما المعلومات التي يحتاج إليها المحلـل فـيمكن الحصـول عليهـا مـن عـدة مصادر فيمكن الحصول عليها من القوائم المالية والتي تظهر، كـما يمكـن الحصـول على المعلومات الشخصية عن العميل من خلال المؤسسات التي يتعامل معها.

4) اختيار أسلوب وأداة التحليل المناسب للمشكلة موضوع الدراسة:

ومن أساليب الأدوات المستخدمة في التحليـل كثـيرة نـذكر منهـا نسـبة التـداول ونسـبة السـيولة السرـيعة ومعـدل دوران المخـزون السـلعي والرافعـة الماليـة بالإضافة إلى كشوف التدفقات النقدية خلال فترات زمنية متتالية.

5) استعمال المعلومات التي توفرت لدى المحلل لاتخاذ القرارات المناسبة.

6) اختيار المعيار المناسب من معايير التحليل المالي لاستخدامه في قياس النتائج.

7) تحديد درجة الانحراف عن المعيار المستخدم في القياس.

8) دراسة وتحليل أسباب الانحراف.

9) وضع التوصيات اللازمة في التقرير الـذي يعـد ن قبـل المحلـل في نهايـة عمليـة التحليل.

خصائص معايير التحليل المالي واستخداماتها:

أولاً: الخصائص

1. أن يكون المعيار واقعياً ويمكن تنفيذه.

2. أن يتصف بالاستقرار النسبي بمعنى أن يبقى ثابتاً لا يتغير من فترة لأخرى.

3. أن يكون المعيار واضحاً ويتصف بالبساطة وسهولة الاستخدام وأن لا يكون له أكثر من تفسير.

ثانياً: الاستخدام

1. يستخدم أداة للمقارنة بينه وبين النسب الفعلية التي تظهر لدى المنشآت مما يمكن المحلل من اكتشاف الانحرافات والبحث عن أسبابها.

2. تفسيـر النسبـة أو الـرقم النـاتج عـن عمليـة التحليـل علـى ضـوء المعيار المستخدم في الدراسة.

أنـــواع المعاييــر :

1) المعايير المطلقة (المنطقية):

وهي المعايير السائدة والمتعارف عليها في حقل التحليل المـالي والتـي يمكـن استخدامها بغض النظر عن نوع المنشأة ونوع الصناعة والظروف السـائدة وتعتبـر من أضعف المعايير المستخدمة مـن الأمثلـة عليهـا المعـايير المسـتخدمة في قيـاس السيولة مثل نسبة التداول 2 : 1 ونسبة السيولة السريعة 1:1.

2) معيار الصناعة:

ويتم التوصل إلى هذا المعيار من خلال المتوسط الحسابي لنسب مجموعـة من الشركات، والمؤسسات تنتمي إلى صناعة واحدة خلال فترة زمنية واحدة ويعتبر هذا المعيار من أكثر المعايير استعمالاً وحتى أنه يمكن استعمال هذا المعيـار بنجـاح وأن تكون نتائجه مقنعة ومناسبة لا بد أن تتوافر فيه الخصائص التالية:

1. أن تكون الشركات موضوع الدراسة تابعة لصناعة واحدة.
2. أن تكون الشركات موضوع الدراسة ذات حجم واحد.
3. أن تكون الشركات موضوع الدراسة في منطقة جغرافية معينة.
4. أن تستخدم الشركات موضوع الدراسة نفس النظم المحاسبية.

وكما لهذا المعيار صعوبات في استخدامه تتمثل في يلي:

1. صعوبة تصنيف الصناعات لاختلاف أنشطتها.
2. اختـلاف الظـروف والحجـم والمسـتوى التكنولـوجي وطـرق الإنتـاج لـدى الشركات.
3. اختلاف الأساليب والنظم المحاسبية بين الشركات.
4. الاختلاف في الموقع الجغرافي.
5. الاختلاف بمصادر التمويل فمنها من يعتمد على الاقتراض ومنها من يعتمـد على أموال الملكية ومنها من يجمع بين النوعية.

3) المعيار الاتجاهي (التاريخي):

وهي نسبة معدلات خاصة بالشركات في المـاضي وتسـتخدم في الحكـم عـن مستوى الشركات في الحاضر والمستقبل بالمقارنة بين النسب والمعدلات الحالية مـع النسب في الماضي، وعلى ضوء المقارنة يمكن اكتشاف الانحرافات والحكم عـلى مستوى الأداء لهذه الشركات فمثلاً لو افترضنا أن نسب المديونية الحاليـة 3: 1 في حين أنها كانت في الماضي 2: 1 إذ هناك انحراف بين النسبتين ممن يـدعو المحلـل إلى التساؤل والبحث عن أسباب هذا الانحراف وهل هو انحراف سلبي أو إيجابي ويمكن

احتسابه من خلال المتوسط الحسابي لمجموعة النسب لدى شركة واحدة سنوات ويمكن استعماله في الحالات التالية:

أ. في حالة عدم توفر معايير أخرى بديلة مثل المعايير النمطية أو الصناعية.

ب.عدم وجود صناعات أخرى مشابهة من أجل المقارنة بينها.

ج. صعوبة التعرف على اتجاه أداء الشركة على مدى الزمن.

4) المعيار المخطط أو المستهدف أو المعيار الوضعي:

نسبة أو رقم يوضع عادة من قبل لجان متخصصة في الإدارة لاستخدامه في قياس أنشطة معينة من خلال المقارنة بين هذا المعيار المتوقع تحقيقه وبين ما تم تحقيقه فعلاً، وذلك من خلال فترة زمنية محددة. ومن الأمثلة عليها النسب التي يضعها البنك المركزي ويطلب من البنوك الالتزام بهما مثل نسبة القروض إلى الودائع وغيرها من النسب الأخرى.

أدوات التحليل المالي

1. التحليل المقارن للقوائم المالية.
2. التحليل المقارن لقوائم الدخل.
3. التحليل بالاستناد إلى رقم قياسي.
4. تحليل قائمة مصادر الأموال واستخداماتها.
5. قائمة مصادر الأموال واستخداماتها.
6. قائمة التغير في المركز المالي.
7. استخدامات قائمة التغير في المركز المالي.

الأمور التي تقدم عنها قائمة التغير في المركز المالي:

1. التغيرات المالية التي تعجز الميزانية العمومية والحسابات الختامية عن إظهارها.
2. جوانب القوة والضعف في المنشأة.
3. أهمية الربح ومدى استخدامه كمصدر للتمويل.
4. المساعدة على اتخاذ القرارات المالية والتنبؤ بالصعوبات المالية.

التغير في الهيكل المالي بما فيه هيكل رأس المال:

- **الهيكل المالي:** هو جانب المطلوبات في الميزانية.
- **التغير في هيكل الأصول:** هو جانب الموجودات في الميزانية.

مصادر الأموال:

1. صافي الربح قبل الاستهلاك = صافي الربح بعد الفوائد والضرائب +أقساط الاستهلاك.
2. الزيادة في رأس المال.
3. الزيادة في أي بند من بنود المطلوبات.
4. النقص في أي بند من بنود الموجودات.

ويتم إعداد قائمة التغير في المركز المالي وذلك من خلال الاعتماد على ميزانيتين لسنتين متتاليتين ويتم إعدادها من خلال حصر عناصر كل من:

أ) مصادر الأموال:

1. الزيادة في كل من الالتزامات وحقوق الملكية.
2. النقص في قيمة الأصول.

ب) استخدامات الأموال، وتشمل على:

1. نقص في الالتزامات وحقوق الملكية.
2. زيادة في الأصول.

التحليل المالي لميزانية مصرف تجاري *Financial Analysis*

تعريف التحليل المالي (للتعرف على مدى ما اسفر عنه تطبيق السياسات أو تنفيذ القرارات في المشروع) دراسة للعلاقات بين البنود والأرقام المختلفة التي تتضمنها القوائم المالية.

تاريخ التحليل المالي:

1. أوائل القرن العشرين: الاهتمام يدور حول طرق التمويل مثل الأسهم ودراسة المؤسسات المالية وأسواق المال والترويج للمشروعات.
2. العشرينات: التركيز حول سياسات التمويل الخارجي (بنوك الاستثمار) التركيز على دراسة السيولة والسندات والقروض.
3. الثلاثينيات: عقد الكساد العظيم التركيز على دراسة وسائل البقاء في السوق وأدى الفشل المالي لكثير من المشروعات إلى زيادة القوانين التي سنتها الحكومات للرقابة على المنشآت ونتيجة لذلك زادت كمية البيانات المالية التي توجب على المنشآت إظهارها حيث أصبح للمحلل المالي قدرة على مقارنة الشركات ببعضها.
4. الأربعينات: كيفية استخدام الأموال استخداماً.
5. الخمسينات: زاد الاهتمام بقرارات الاستثمار طويلة المدى.
6. الستينات: ظهر تحول أساس في الفكر المالي لاهتمام بقضية تتعلق بهدف المنشأة باعتباره الهدف الذي تستمد منه كل القرارات الأخرى أهميتها.

وفي الفكر المعاصر نجد أن هدف المنشأة وبالتالي هدف الإدارة المالية أصبح يدور حول مفهوم أو أكثر ن المفاهيم:

أ- تعظيم الربح إلى أقصى حد profit MaximiZation.

ب- الربحية والسيولة Equilibium preofitability – liguidity.

ج- تعظيم القيمة السوقية إلى اقصى حد lue – of – the firm Maximization.

د- تعظيم الثروة إلى أقصى حد Social – return Maximization.

إن عملية التحليل المالي تصبح جزءاً سابقاً لاتخاذ القرارات وهو ما يخدم التخطيط المالي وكذلك تصبح جزءاً لاحقاً لاتخاذ القرارات وهو ما يخدم عمليات التقييم والرقابة والمتابعة.

الصيرفة هي قبول الودائع ومنح الائتمان والمحافظة على سيولة أصول المصرف بشكل مناسب.

ويستخدم التحليل المالي للوصول إلى عدة أغراض أهمها:

1. الوقوف على حقيقة المركز المالي للمشروع.
2. تحديد المركز الائتماني لمشروع.
3. الوصول إلى القيمة الاستثمارية للمشروع.
4. اختبار مدى كفاءة العمليات في المشروع.
5. الحكم على مدى صلاحية السياسات (القرارات) المالية ومختلف السياسات في المشروع.
6. معرفة وتحديد مركز المشروع في القطاع الذي يعمل في إطاره.
7. تخطيط السياسات المالية للمشروع.
8. الحكم على كفاءة إدارة المشروع.

ويعتبر التحليل المالي مـن الأدوات الهامـة التـي يمكن للمؤسسـات العامـة استخدامها للحكم على مدى نجاح أو فشـل السياسـات التـي ترسـمها المشروعات التي تتبعها.

خطوات التحليل المالي:

1. جمع البيانات.
2. تصنيف البيانات.
3. مقارنة البيانات واستقراؤها.
4. الاستنتاجات والتوصيات.

أساليب التحليل المالي:

أ) أسلوب الدراسة مقارنة للقوائم المالية (الأفقي والعمودي) الأفقي مقارنة بنـد أو مجموعة بنود بتاريخين متتالين والعمودي يوضح النسبة التـي يسـاهم بهـا كل بند من إجمالي الميزانية وحساب الأرباح والخسائر مقارنة لسنتين.

ب) أسلوب تحليل حركة الأموال (ميزانية لسنتين Fumds Flow statement) .

ج) أسلوب استخدام النسب المالية Financial Ratios.

وهـذا الأسـلوب يخـدم التحليـل استاتيكيا Dynamic يوضـح العلاقـات الارتباطية بين موارد المصرف واستخداماته ومجموعات الموارد بعضها البعض وكافة أوجه النشاط.

د) تحليل نقطة التعـادل ومعادلاتها Break Even point لتحليـل نمـط الأربـاح وعلاقتها باستثمارات المشروع ونمط تركيب مصروفاته وأعبائه.

التحليل المالي يساعد في التعرف على مدى كفاءة الإدارة في تجميع الأمـوال من جهة وفي تشغيلها من ناحية أخرى وفي المحافظـة عـلى التـوازن المرغـوب بـين اعتباري السيولة والربحية من ناحية ثالثة وإعـداد الأرضـية المناسبة لـلإدارة لـكي تتخذ القرارات الملائمة وتحقيق الهدف الكبير للمصرف.

وهنالك مقياس للحكم على كفاءة المشروعات وهي القيمة المضافة Value added القيمة المضافة = الأجـور ومـا في حكمها + الإيجارات + عائـد العمليات الإنتاجية + الضرائب

قواعد عامة للتحليل المالي:

1. الإلمام الكامل بأوجه النشاط.
2. تحديد الغرض من التحليل.
3. إعادة ترتيب وجدولة البيانات بشكل يساعد على دراستها.
4. التحليل المالي يجب أن يسـتند إلى سياسـة الإفصـاح والعلانيـة التامـة مـن إعداد القوائم.
5. إن السيولة ترتبط بإدارة الأصول جميعاً.
6. إعداد بيانات التدفقات المتصلة بعمليات المشروع المستمر سواء مباشرة أو بطريقة غير مباشرة.

إن التحليل يهدف التحقق من سلامة المركز المالي للمصرف ودرجة نموه مع افتراضنا البيانات الإضافية التي تساعد في التحليل ومن هذه البيانات.

1) بيانات مقارن للمتوسطات اليومية لأرصدة الودائع حسب مصـادرها وطبيعتها وأجالها وتكلفتها (من خلال جدول الودائع).

2) بيان مقارن للمتوسطات اليومية لأرصدة القروض.

3) بيانات عن حركة السحب والإيداع في الحسابات المدينة والدائنة وتفيد هـذه البيانات:

أ.التعرف على مواسم زيادة أو نقص الودائع.

ب. قياس معدلات دوران الحسابات المدينة لقياس السيولة.

ت. التعرف على الأرصدة غير المتحركة.

ث. المساهمة بقدر كبـير في إعـداد بيانـات التـدفقات الماليـة الداخلـة والخارجة.

ج. إمكان النقدية بالمصرف إدارة سليمة بهدف عدم الاحتفاظ بما يزيـد عـن حاجة السحب.

4) بيان مقارن بعدد الحسابات المدينة والدائنة وتوزيعها التكراري:

اتساع قاعدة المتعاملين مـع المصرف وحجـم معـاملاتهم مـع المصرف و استخدام أساليب التحليل لقياس كفاءة في تحقيق أهدافه.

- وظائف المصرف: الوسيط المالي والقطاع المنتج وقطاع الخدمات. إن التحليل النسبي لكل مـن الميزانيـة وحسـاب الأربـاح والخسـائر أمر بـالغ الأهمية وخطوة أولى ضرورية في طريـق التحليـل المـالي للقوائم الماليـة في المصرف.

إن الوظيفة الرئيسية للمصرف هي تجميع الأموال (الصيرفة هي قبول الودائع ومنح الائتمان).

بعض المؤشرات التي تصلح للحكم على كفاءة المصرف كوسيط مالي:

أولاً: نشاط المصرف في تجميع الأموال

1) قيام المصرف بدعم مركزه المالي. يمكن قياسه بالمؤشرات الآتية:

- معدل التغيير في الموارد الذاتية رأس المال والاحتياطـات والأربـاح والخسـائر (العجـز المتراكم مدين) والأرباح غير الموزعة.

- نسبة الموارد الذاتية إلى الودائع.

- نسبة الموارد الذاتية إلى إجمالي الموارد.

- مدى صحة المخصصات في الموارد الذاتية: أن أرصدة المخصصات في دفاتر المصرف تشكل جزءاً من الموارد المتاحة للمصرف، أن تكوينها قد تولد من الأرباح المحققة من النشاط ولا تمثل مطلوباً للغير وذلك بالرغم من أنها تقابل التزامات معينة كذلك فإن القدر الذي يزيد عن حجم الالتزامات المقابلة يمكن اعتباره جزءاً من حقوق الملكية التي أيضاً الموارد الذاتية مدى اعتبار زيادة الأهمية النسبية للموارد الذاتية دليلاً على متانة المركز المالي للمصرف.
- يلزم تدعيم الموارد الذاتية بالقدر الملائم والذي تسمح به الإيرادات وفي نفس الوقت الاستمرار في انتهاج سياسة حكيمة عند تشغيل الأموال تستهدف مراعاة اعتبارات السيولة مع تحقيق فائض مناسب.

2) مساهمة المصرف في تجميع الودائع ويمكن قياس ذلك عن طريق بحث المؤشرات التالية:

- معدل نمو المتوسط اليومي لأرصدة الودائع (المتوسط اليومي يؤخذ للودائع عوضاً من الشهري لاحتمال زيادة أو نقصان في نهاية الشهر).
- معدل التغيير في أرصدة الودائع (الرصيد محصلة نشاط دام طوال عام مضى ونقطة انطلاق النشاط الجديد).
- نسبة الودائع الكلية إلى إجمالي الموارد:
  - عام 1974 التغيير نسبة.
  - موارد ذاتية 24 6 ر 9 % 20 10 % 4 20 %.
  - إجمالي الموارد 250 200 50 25 %.
- نسبة الودائع ذات التكلفة سواء كانت ودائع توفير أو ودائع لأجل آخر (ثانية) إلى إجمالي الودائع واستمرارها في الارتفاع يمثل عبئاً على إيرادات المصرف وخصوصاً في حالة عدم وجود مجالات متاحة للاستثمار بمعدلات أعلى.

في حالة تحديد البنك المركزي للدولة نسبة معينة من الودائع تحتفظ بها المصارف لديه كاحتياطي قانوني فإن معدل الفائدة الحقيقي على الودائع ذات التكلفة يرتفع عن المعدل الاسمي لها كما يوضحه المثال التالي:

- حجم الوديعة 100% معدل الفائدة الأسمي 4% قيمة الفائدة 4.

- نسبة الاحتياطي 20% القدر المستخدم من الوديعة 80%.

- إذن معدل الفائدة الحقيقي على ما استخدم من الوديعة 5%.

- وبذلك تعمل المصارف على زيادة الودائع الجارية.

- معدل تطور عدد حسابات الودائع الكلية: العمل على توسيع قاعدة المتعاملين مع المصرف ولأغراض تقييم أداء المصرف في مجال تجميع الأموال فإن تعديلات بسيطة قد تحدث على هذه النسب تخدم القائم بعملية التقييم وأهمها نسبة نشاط المصرف إلى نشاط مجموعة المصارف التجارية من حيث الأرصدة القائمة أو المتوسطات أو قيمة الزيادة أو معدلاتها وينادي البعض بوضع أوزان لكل نشاط من الأنشطة التي يزاولها المصرف وذلك بهدف إظهار المصرف الأكثر تميزاً.

3) مساهمة المصرف في تجميع المدخرات ويقاس نشاط المصرف بـ:

- معدل التغيير في الودائع الأجل حسب الأجل وحسب القطاع.

- معدل التغيير في مدخرات الأفراد وتوفير ودائع الأجل وأنواع أخرى.

- تحليل مقارن للتوزيع التكراري للمدخرات بالقيم وبأعداد الحسابات (التعرف على عدد وقسم وأجال الودائع).

- معدل تطور عدد حسابات مدخرات الأفراد.

4) مساهمة المصرف في نشر الوعي الادخاري والمصرفي ويمكن قياس ذلك بالمؤشرات الآتية:

- عدد الحسابات الدائنة في آخر العام إلى عددها في أول العام.

- عدد الحسابات المتجمدة خلال العام إلى عدد الحسابات في أول العام.

- عدد الحسابات المصفاة أثناء العام إلى عدد الحسابات في أول العام.

ولأغراض التقييم أو لأغراض التحليل أن تعقد المقارنات بين أرقام المصرف وأرقام مجموعة المصارف.

ثانياً: نشاط المصارف في استخدام الموارد

يمكن قياس كفاءة المصرف في استخدام موارده عن طريق المؤشرات التالية:

أ) تشغيل الموارد بما يحقق السيولة المناسبة للمصرف:

- التوازن في تحقيق السيولة والربحية يتوقف إلى حد بعيد على خبرة ودقة توقعات القائمين على سياسة المصرف.

- إن المصرف يوفر القدر الملائم من السيولة أو أنه قادر على توفير هذا القدر من الأجل القصير إذا وضح التحليل.

1. أن المصرف في احتفاظه بقدر معين من النقد السائل بخزائنه يراعي طلبات السحب اليومي (معدلات الإيداع والسحب اليومي).

2. إعداد دراسة سلوك الودائع بكافة أجالها والاحتياط لها.

3. مراقبة المصرف للتطورات الاقتصادية والاجتماعية في الدولة.

4. نسبة الاحتياطي النقدي بطرق البنك المركزي.

5. أن تكون الأوراق التجارية التي يخصمها للعملاء من الدرجة الأولى (توفر الضمانات في التسهيلات).

6. عند اختياره للأوراق المالية يجب أن يراعي قابلية الورقة للتداول والعائد السنوي للورقة وقرب استحقاقها ومتانة الشركة المصدرة للورقة.

7. إن توقعات الإدارة للتدفقات المالية الداخلة والخارجة ومعدلات هذه التدفقات سليمة.

ب) تشغيل الموارد بما يحقق عائداً مناسباً للمصرف:

- إن قياس نشاط البنك في استخدام موارده بما يحقق عائد مناسب يمكن أن يتم بتحليل المؤشرات الآتية:

1. إجمالي الإيرادات المحققة إلى متوسط إجمالي الأصول.

2. عائد القروض والسلف إلى المتوسط اليومي لها.

3. عائد محفظة الأوراق المالية إلى المتوسط الشهري لها.

4. قياس كفاءة المصرف في إدارة نسبة الاحتياطي النقدي القانوني وعدم الاحتفاظ بفائض فيها.

ج) تشغيل الموارد مع مراعاة أكبر قدر من الضمان وجودة القرض.

د) مساهمة المصرف في التمويل بوجه عام من خلال:

1. معدل نمو القروض.

2. حركة الأوراق المالية حسب أنواعها.

3. نسبة كل نوع من أنواع النشاط إلى مجموع النشاط.

4. معدل نمو المتوسط اليومي أو الشهري لكل نوع من أنواع النشاط.

5. معدل نمو عدد العملاء المقترضين.

6. تطور إجمالي المدينة في الحسابات المدينة.

7. تطور معدل دوران القروض.

8. نسبة القروض والسلف إلى إجمالي توظيف المصرف.

9. نسبة كل بند من بنود التوظيف إلى إجمالي التوظيف.

10. نسبة الاستثمارات إلى إجمالي التوظيف.

من الضروري متابعة وتحليل رقم الكفالات الداخلية والخارجية التي التـزم بها المصرف وملاءمة هذا الرقم مع المصرح به للمصرف من البنك المركزي.

مهارات إعداد القوائم المالية:

الخطوة الأولى:

عمل شجرة حسابات متكاملة بحيث يراعي فيها ترتيب الأصول والخصوم كما تقدم، إضافة إلى تصنيف الإيرادات والمصاريف البيعية وغيرها.

الخطوة الثانية:

تطبيق المعادلة المحاسبية للميزانية

الأصول = الخصوم + حقوق الملكية

تطبيق معادلة الإيرادات والمصاريف لقائمة الدخل:

الإيرادات -المصاريف = صافي الربح (الخسارة)

مثال تطبيقي:

لديك ميزان المراجعة للمشروع التعاوني في 31 / 12/ 2007

أرصدة مدينة	أرصدة دائنة	اسم الحساب
150		النقدية (الصندوق)
220		البنك الإسلامي
460		بنك الإسكان
475		شيكات بسم التحصيل
315		مسحوبات شخصية
440		أوراق قبض (كمبيالات مدينة)
650		مدينون
3500		بضاعة أول المدة
2250		أثاث
1200		معدات
9850		سيارات
12000		مباني
14000		أراضي
	2000	مخصص استهلاك الموجودات الثابتة
	1390	أوراق دفع (كمبيالات دائنة)

أرصدة مدينة	أرصدة دائنة	اسم الحساب
	385	شيكات مؤجلة
	1675	دائنون
	4900	قروض طويلة الأجل
	25000	رأس المال
	2900	أرباح المال
	20000	أرباح مدورة
1000		المبيعات
8000		المشتريات
	1250	مردودات المشتريات
2000		الرواتب
1500		الإيجارات
990		الاستهلاكات
450		مصاريف كهرباء وهاتف وماء
225		مصاريف رسوم
325		مصاريف ضيافة
	500	إيرادات استثمارات

أولاً: قائمة الدخل

وتظهر بها الحسابات التي تم توضيحها سابقاً وكما يلي:

قائمة الدخل المشرع للمشرع التعاوني عن السنة المالية المنتهية في 31/ 12/ 2007

الحساب	مبالغ جزئية	مبالغ كلية
أولاً: حـ/ المتاجرة		
المبيعات	20000	
-مردودات المبيعات	1000	
صافي المبيعات		19000
تطرح: كلفة المبيعات		
بضاعة أول المدة	3500	
المشتريات	8000	
-مردودات المشتريات	1250	
-بضاعة آخر المدة	2240	
كلفة المبيعات		8010
مجمل الربح		10990
ثانياً: حـ/ الأرباح والخسائر		
+ إيرادات استثمارات		500
يطرح: المصارف العمومية		
– الرواتب	2000	
– الإيجارات	1500	
– الاستهلاكات	990	
– مصاريف كهرباء وهاتف وماء	450	
– مصاريف رسوم	225	
– مصاريف ضيافة	325	
– مجموع المصاريف		5490
صافي الربح		6000

ثانياً: الميزانية العمومية

ويظهر بها الأصول والخصوم مرتبة حسب الشكل التالي:

الميزانية العمومية (قائمة المركز المالي) كما هي في 31/ 12/ 2006

الأصـــــول	مبلغ جزئي	مبلغ كلي
الأصول المتداولة		
النقدية (الصندوق)	150	
البنك الإسلامي	220	
بنك الإسكان	460	
شيكات برسم التحصيل	475	
أوراق قبض (كمبيالات مدينة)	440	
مدينون	650	
بضاعة آخر المدة	2240	
مجموع الأصول المتداولة		4635
أثاث	2250	
معدات	1200	
سيارات	9850	
مباني	12000	
أراضي	14000	
- مخصص استهلاك الموجودات الثابتة	(2000)	
مجموع الأصول الثابتة		37300
مجموع الأصول		41935
الخصوم والملكية		
الخصوم المتداولة والثابتة	1390	
أوراق دفع (كمبيالات دائنة)	385	
شيكات مؤجلة	1675	
دائنون	4900	
قروض طويلة الأجل		8350
مجموع الخصوم المتداولة والثابتة		
رأس المال	25000	
مسحوبات شخصية	(315)	
أربح مدورة	8900	
مجموع الملكية		33585
مجموع الخصوم والملكية		41935

تمرين عملي: المطلوب إعداد ميزان المراجعة والقوائم المالية

اسم الحساب	أرصدة دائنة	أرصدة مدينة
النقدية (الصندوق)		
البنك العربي		
بنك الأردن		
شيكات برسم التحصيل		
مسحوبات شخصية		
أوراق قبض (كمبيالات مدينة)		
مدينون		
بضاعة أول المدة		
أثاث		
معدات		
سيارات		
مباني		
أراضي		
مخصص استهلاك الموجودات الثابتة		
أوراق دفع (كمبيالات دائنة)		
شيكات مؤجلة		
قروض طويلة الأجل		
رأس المال		
أرباح مدورة		
المبيعات		
مردودات المبيعات		
المشتريات		
مردودات المشتريات		
الرواتب		
الإيجارات		
الإستهلاكات		
مصاريف كهرباء وهاتف وماء		
مصاريف ضيافة		
إيرادات استثمارات		

قائمة الدخل

قائمة الدخل للمشروع التعاوني عن السنة المالية المنتهية في 31 /12 /2007

مبالغ كلية	مبالغ جزئية	الحساب
		أولاً: حـ/ المتاجرة
		المبيعات
		-مردودات المبيعات
		صافي المبيعات
		تطرح: كلفة المبيعات
		بضاعة أول المدة
		المشتريات
		-مردودات المشتريات
		-بضاعة آخر المدة
		كلفة المبيعات
		مجمل الربح
		ثانياً: حـ/ الأرباح والخسائر
		+ إيرادات استثمارات
		يطرح: المصارف العمومية
		- الرواتب
		- الإيجارات
		- الاستهلاكات
		- مصاريف كهرباء وهاتف وماء
		- مصاريف رسوم
		- مصاريف ضيافة
		- مجموع المصاريف
		صافي الربح

الفصل السابع

نظرية الفروض المحاسبية

نظرية الفروض المحاسبية

مفهوم الفروض:

هي طرح افتراضات منطقية تتضمن حلولاً لقضايا محددة يجري عليها اختبار لفروض للتحقق من صحة تلك التخيلات الافتراضية عن طريق استخدام أساليب التجربة والاستبيان. وتصبح قابلة للتطبيق إذا تم المصادقة عليها.

خصائص نظرية الفروض المحاسبية:

1) انسجام الفروض مع أهداف البحث لدراسة المشكلة.
2) أن لا تكون الفروض المختارة متعارضة مع المفاهيم المحاسبية.
3) التركيز على الفروض المحاسبية.
4) يهدف الفروض إلى قياس درجة الثقة في صحتها.
5) لابد من صياغة الفروض بالشكل الذي يساعد على إخضاعها لعلم المنطق.
6) يتم التحقق من درجة صحة الفروض عن طريق أساليب التجربة والمقابلة والاستبيان والملاحظة والأسئلة.
7) يتطلب أن تكون النظرية الفروض المحاسبية منسجماً مع بقية أركان النظرية بأنها من المبادئ المحاسبية.
8) تساهم النظرية المحاسبية للفروض على صياغة المبادئ العلمية في المحاسبة.
9) تتصف الفروض المحاسبية بوجود فروض رئيسية تتبع عنها فروض فرعية.
10) يسهل صياغة الأسئلة من خلال الحصول على إجابات واضحة محددة وحاسمة.

أنواع الفروض المحاسبية:

1) أساس أهمية الفروض من رئيسية وفرعية.
2) أساس علاقة الفروض ببعضها البعض من فروض متجانسة ومتعاكسة.
3) أساس محتوى الفروض الطبيعية والمعيارية.
4) أساس درجة قياس الفروض المعنوية الكمية.

5) أساس فروض أخرى من الوحدة المحاسبية أو الاستمرارية أو النقد كوحـدة قياس أو التوازن المحاسبي.

خطوات الفرضيات المحاسبية:

تتضمن الفرضيات المحاسبية أتباع خطوات معينة تشمل:

- دراسة المحيط الخارجي المراد البحث فيه.
- دراسة ردود الاستفسارات والاستقصاءات حول المشكلة.
- التشخيص العام للمشكلة.
- طح التساؤلات والاستبيانات التي تخص المشكلة.
- تطبيق بعض الأساليب الإحصائية في اختبار الفرضيات للتحقق من صحتها مع استخدام وسائل المشاهدة والملاحظة.

مداخل الوحدة المحاسبية:

1) مدخل المصلحة الاقتصادية للوحدة ذاتها والتي يتبنى فكرة إعداد القـوائم المالية الموحدة.

2) مدخل المصـلحة الاقتصادية للعاملين في الوحدة وهنـا يـتم التركيـز عـلى معرفة الأشخاص العاملين في الوحدة وتحديد مصالحهم واهتماماتهم.

أشكال الفروض المحاسبية

هناك فروض مهمة يجـب تقـديمها حتـى تصبح أساساً متكامـل للنظريـة المحاسبية كما يلي:

1) فرض الشخصية المعنوية: هنالك شخصية معنوية مسـتقلة للمشروع الـذي يفترضها المحاسب، والتي ترتبط بالسجلات المحاسبية

كذلك وجود الشخصية المستقلة للمشروع يعنـي أن التـدفقات القيم التـي تتضمنها السجلات المحاسبية إنما ترتبط أساساً بهذه الشخصية المستقلة.

أصبح الفرض القائل بتميز شخصية المشروع عن المشروعات الأخرى وعن أصحابه أو المديرين الذين يسيرونه يمثل حجز الأساس بين الفروض للنظرية المحاسبية. وتشتمل الفروض الشخصية المعنوية على ما يلي:

(1) نظرية الملكية المشتركة: انتشرت هذه النظرية في القصد منها حول المبادئ المحاسبية والتي تعد نظرية الملكية المشتركة أن عنصر- الملكية هو جوهر المشروع والتي عبارة عن مجموعة من الأشخاص ملاكه وأن شخصية المشروع القانونية مندمجة في شخصية ملاكه هؤلاء، كما تقوم على المقومات الآتية:

أ. أن العلاقة التعاقدية بين ملاك المشروع هي التي ترسم إطار المشروع والقانون لا يخلق الشركة بل يعطي قوة تنفيذية لهذه العلاقة.

ب. الإدارة والتي يرى أصحابها أن قدرة المدير على صنع القرارات يستمد من سلطة الملاك.

ج. الملكية حيث أن أصول المنشأة مملوكة ملكية جماعية للأفراد الطبيعيين المكونين للمشروع، وليست مملوكة للمنشأة نفسها.

أثرت النظرية الفروض المعنوية الشخصية على الفكر المحاسبي كما يلي:

1. رأس المال يتمثل في صافي الصول التي تمثل قيمة الحصص الأصلية للشركاء. أو المبلغ الأصلي المدفوع من التاجر الفرد مضافاً إليه الأرباح المرحلة من الأعوام السابقة.
2. الربح والتي عبارة عن الربح الشامل الذي تعبر عنه الزيادة في حقوقهم قبل المشروع والتي تكون ناشئة من تعامل المشروع مع الغير.
3. الأصول والتي تعتبر كل شيء مملوكة وله قيمة على اعتبار أن جوهر الأصل هو قدرته على سداد الديون.
4. الخصوم والذي هو التزامات أصحاب المشروع تجاه الغير أو حقوق الغير تجاه المشروع.

(2) نظرية الشخصية المعنوية والتي ظهرت إلى استثمار أموال كثيرة في المشروعات الاقتصادية، بحيث يعجز عن تقديمها فرد أو مجموعة من الشركات المتضامنين، مما اقتضى ظهور الشركات المساهمة التي يعجز المساهمين فيها الحكم

بظروفهم المختلفة عـن إدارة الشركات بأنفسـهم أو الإطـلاع عـلى حساباتها مباشرة. تختلف نظرية الشخصية المعنوية عن نظرية الملكية فما يلي:

- إن جـوهر أي مشروع ليـس العلاقـة التعاقديـة بـين الأفـراد مـلاك المشروع، بل هو مجموعة الأصول أو الأموال التي يقدمها المستثمرون لاستخدامها في أعمال المشروع.

- الملكيـة مملوكـة للشركة نفسـها كونهـا شخصـاً معنويـاً، أمـا أصحـاب المشروع فلهم مجرد حق على هذه الأصول حق في الأرباح عنـدا يقرر مجلس الإدارة التوزيع وحق في الأصول عند التصفية.

- الهـدف والتـي يـدعو أنصـار الشخصـية المعنويـة أن ظهـور الشركـات المساهمة أدى إلى نشأة الإدارة المهنية التي ترسم سياسة المشروع ليس لتعظيم الأرباح بوحي من أصحاب المشروع.

2) فرض الموضوعية: تمثل الموضوعية المقدمة الضرورية لكل قياس كمـي مـن أي نوع كان وبـدون افتراض الموضوعية لا يمكن الركون إلى نتائج هـذا القياس والاعتماد عليها في صنع القرارات المختلفة، وهـي أيضاً منهجيـة في البحـث العلمي في المحاسبة.

ويستفاد من القياس المحاسبي مجموعة كبيرة من القراء الذين ينتمـون إلى فئـات مختلفـة تختلـف مصالحهـا أو تتعـارض. ويـتم التأكـد مـن تـوافر الشرـوط الموضوعية في المحاسبة كما يلي:

1. اختبار مدى تمثيل المعلومات المحاسبية لحقائق الحياة الاقتصادية.
2. عن طريق قياس عدد من المحاسبين بإعادة القياس المحاسبي الـذي قدمه أحد المحاسبين، ثم وصلوا إلى النتائج نفسها مما يقدم دليلاً عـلى حياة المحاسب وعدم تدخله بالنتائج.

تعديل بنود قائمة الدخل

يمكن أن يعدل كل بند من بنود قائمة الدخل على أساس الوحدات النقديـة في نهاية السنة المالية بطريقة مباشرة عن طريق قيمة البند في معامل تعديل عـلى النحو التالي:

القيمة المعدلة للبند = القيمة التاريخية × الرقم القياسي العام في نهاية العام

الرقم القياس العام في تاريخ نشأة البند

مثال على ذلك:

إذا كانت الفوائد المدينة قيمتها 4000 دينار، وكان الـرقم القياسي العـام للأسعار في نهاية العـام 123 وفي تـاريخ دفـع الفوائد 120 فإن، القيمـة المعدلـة للقوائم المدينة تكون:

$$4000 × \frac{123}{120} = 4100 \text{ دينار}$$

ومن أهم بنود القائمة الدخل بإيجاز:

أ) المبيعات: حيث يتم تعديل المبيعات عن طريق تعديل إجمالي خلال السنة على أساس متوسط التغيرات في المستوى العام للأسعار خلال تلك السنة كما يلي:

القيمة المعدلة للمبيعات = إجمالي مبيعات السنة × الرقم القياس العام في نهاية السنة

متوسط الرقم القياس العام خلال السنة

مثال ذلك :

إذا كانت مبيعات إحدى الشركات 209100 وكان الـرقم القياسي العـام في نهاية العام 145 وكان متوسط الرقم القياسي العام للأسعار خلال ذلك العام 137,5 يتم تعديل قيمة المبيعات على الشكل التالي:

$$209100 × \frac{145}{137.5} = 220505 \text{ دينار}$$

ب) الإيرادات: التي يتم تحصيلها بصورة غير متكررة، وإنما في تواريخ معينة خلال السنة كإيرادات الأوراق المالية والفوائد الدائنة والإيجار المحصل على أساس سنوي والإعانات ويمكن تعديلها كما يلي:

$$\text{القيمة المعدلة} = \text{بند الإيراد} \times \frac{\text{الرقم القياس العام في نهاية السنة}}{\text{متوسط الرقم القياسي العام خلال السنة}}$$

ج) تكلفة البضاعة المبيعة: تختلف [illegible] تبعاً لطريقة تقويم المخزون، حيث أن إتباع طريقة الوارد أملاً صادراً أولاً فإن تكلفة البضاعة المبيعة تتكون من خليط من تكلفة مخزون أول المدة والمشتريات، وتكون المخزون الآخر المدة مقوماً على أساس أسعار أحدث المشتريات. وتكون تكلفة البضاعة المبيعة مساوية لتكلفة المشتريات أو تكون خليطاً من تكلفة المشتريات وتكلفة المخزون لأول المدة أو تكون مقدمة على أساس أسعار أحدث المشتريات تبعاً لما إذا كان مخزون آخر المدة مساوياً مخزون أول المدة أو يقل أو يزيد عنه كما أن مخزون آخر المدة يكون مقوماً على أساس أسعار مخزون أول المدة أو على أساس خليط أول المدة وآخرها.

وهنالك تعديلات مهمة في طرق التقويم المختلفة منها طريقة الوارد أولاً صادراً أولاً حيث يتحدد تكلفة البضاعة في ظل نظام المخزون المستمر على أساس مخزون أول المدة مقوماً بأسعار أول المدة مضافاً إليه جزء من تكلفة المشتريات خلال الفترة أما المخزون لآخر المدة فإنه يقوم على أساس أسعار أحدث المشتريات.

مثال ذلك:

أن تكلفة البضاعة بلغت 163000 دينار، وأن تكلفة مخزون أول المدة 1120 دينار، وتكلفة مخزون آخر المدة 1320 دينار، وأن طريقة التقويم المتبعة هي طريقة الوارد أولاً صادرتاً أولاً.

ولنفرض أيضاً أن الرقم القياسي العام للأسعار في أول العام كانت 105 وفي آخر العام كان 116، وأن الرقم القياسي لمتوسط التغيرات في المستوى العام

للأسعار خلال السنة كان 110 تأسيساً على ذلك يمكن تعديل البضاعة المبيعة على الشكل التالي:

البيان	التكلفة التاريخية	معامل التعديل	التكلفة المعدلة
مخزون أول المدة + الجزء المبيع من المشتريات	1120 15180	105 /116 110 /116	1237 16008
تكلفة البضاعة المباعة	16300		17245

أما بالنسبة لمخزون آخر المدة فغالباً ما لا يحتاج لتعديل تكلفة نظرياً لأنه مقوم على أساس أسعار أحدث المشتريات. ويفترض هذا الإجراء أن معدل دورات المخزون مرتفعة، أي أن مدة الاحتفاظ بمخزون آخر المدة صغيراً نسبياً.

وعلى ذلك يمكن الوصول إلى النتيجة السابقة نفسها إذا تم استخدام الجرد الدوري وليس الجرد المستمر من خلال حسابات التكاليف وذلك كما يلي:

البيان 1	التكلفة التاريخية	معامل التعديل	التكلفة المعدلة
مخزون أول المدة + المشتريات - فرق تعديل المشتريات	1120 16500	105 /116 110 /116	1237 17400 (72)
= تكلفة البضاعة المتاحة للبيع -	17620 1320		18565 1320
مخزون آخر المدة المجموع	16390		17245

وهنالك أيضاً طريقة الوارد أخيراً صادراً أولاً وتكون في الوضع الأول في المخزون تساوي في أول المدة وآخر المدة، فإن تكلفة المبيعات تساوي تكلفة المشتريات. وإذا كان مخزون آخر المدة أكبر من مخزون أول المدة فإن السلع المبيعة يفترض أنها تمت جميعها من مشتريات الفترة. ويتم تعديل تكلفة المبيعات في هذه الحالة تساوي مخزون آخر المدة مع مخزون أول المدة يتم تعديل تكلفة المخزون لآخر المدة على اساس التغير في المستوى العام للأسعار عن الفترة من تاريخ اقتناء المخزون التي قد تكون من عدة سنوات سابقة حتى نهاية السنة الحالية وذلك باستخدام الرقم القياسي العام في تاريخ اقتناء المخزون.

أما إذا كان مخزون المدة في أخره أكبر من مخزون أول المدة فإن هذا يعني أن المخزون آخر المدة يتكون من جزئيين:

مخزون أول المدة + جزء من مشتريات الفترة

مثال ذلك:

إذا كان تكلفة البضاعة المبيعة 400000 دينار وأن مخزون آخر المدة وأول المدة هو 1500 دينار 100000 دينار على التوالي، وأن الرقم القياسي العام في نهاية السنة 178,2 وفي تاريخ اقتناء المخزون أول المدة 120 وأن متوسط الرقم القياسي خلال السنة الحالية 165، وأن المنشأة تتبع نظام الجرد المستمر وحيث أن مخزون آخر المدة أكبر من مخزون أول المدة فيمكن تعديل تكلفة البضاعة المبيعة كما يلي:

$$43200 = \frac{178,2}{165} \times 400000$$

ويمكن تعديل تكلفة مخزون آخر المدة لأغراض إعداد قائمة المركز المالي المعدلة كما يلي:

البيان	التكلفة التاريخية	معامل التعديل	التكلفة المعدلة
المخزون أول المدة	100000	$\frac{1782}{120}$	148500
الجزء المضاف من المشتريات	50000	$\frac{178,2}{165}$	
المخزون آخر المدة	150000		202500

وهنالك حالة آخر وهي نقص المخزون آخر المدة على مخزون أول المدة، أي أن تكلفة المبيعات = المشتريات + جزء من المخزون لأول المدة أما مخزون آخر المدة، فيتكون من الجزء المتبقي من مخزون أول المدة، ويمكن تعديل المثال السابق بحيث تصبح تكلفة المبيعات 470000 دينار، ومخزون أول المدة 80000 دينار، ومخزون أول المدة يبقى كما هو 10000 دينار بحيث تعديل تكلفة المبيعات على النحو التالي:

البيان	التكلفة التاريخية	معامل التعديل	التكلفة المعدلة
المشتريات +	450000	$\frac{1782}{120}$	486000
الكمية المباعة من المخزون أول المدة	20000	$\frac{178,2}{120}$	29700
تكلفة المبيعات	470000		515700

أما مخزون آخر المدة فيعدل لأغراض أعداد قائمة المركز المالي ليصبح:

$$\frac{178,2 \times 80000}{120} = 168800$$ دينار

وهنالك طريقة المتوسط المرجح والتي تستند إلى افتراض أن الكمية التي يتم بيعها هي خليط من المخزون والمشتريات، ومن ثم يتم تقويمها على أساس المتوسط المرجح لتكلفة كل منها ويتم تعديل المتوسط المرجح لتكلفة عقب إضافة أي كمية مشتريات إلى المخزون.

ولتعديل تكلفة المبيعات وتكلفة مخون آخر المدة فإن الأمر الـذي يتطلب أولاً تحديد الكمية المتاحة للبيع خلال السنة والتي تتمثل في المخزون أول المـدة مضافاً إليه المشتريات، أو المخزون آخر المدة مضافاً إليه تكلفة المبيعات.

يمكن تحديد تكلفة المبيعات المعدلة والتكلفة المعدلة لمخـزون آخر المـدة كما يلي:

تكلفة المبيعات المعدلة = التكلفة المعدلة للكمية المتاحة للبيع × تكلفة المبيعات الخارجية / التكلفة التاريخية للكمية المتاحة للبيع

التكلفة المعدلة لمخزون آخر المدة = التكلفة المعدلة للكمية المتاحة للبيع × التكلفة التاريخية لمخزون آخر المدة / التكلفة التاريخية للكمية المتاحة للبيع

مثال ذلك:

أن تكلفة المبيعات بلغت 300000 دينار وتكلفة المخزون أول المدة وآخرها 120000 دينار، 140000 دينار كما يلي:

ولنفرض أيضاً أن الرقم القياسي العام في نهاية السنة 171 وفي بداية السـنة 150 وأن متوسط الرقم القياسي العام خلال السـنة 160، فيمكن تعـديل كـل مـن تكلفة المبيعات والمخزون لآخر المدة كما يلي:

تكلفة المشتريات = 140000 + 300000 + 120000 = 320000دينار

تكلفـة الكميـة المتاحـة للبيع خـلال العـام = مخـزون أول + المشـتريات = 120000+ 320000 = 440000 دينار.

3) نظرية الاستمرارية

أن تطبيق الاستمرارية يجب التمييز بين المصـاريف الايراديـة والرأسـمالية، وإهمال قياس الأصول الثابتة والمتداولة بأسعارها الحاليـة، وإعـداد القوائم الماليـة السنوية، ونشكل هذه الفروض الأساسـية ضـمن إطار نظريـة المحاسبة المتضمنة أساس القياس التقليدي.

وتكمن أهمية النظرية فيما يلي:

1) تعتبر حجز الزاوية في نظرية القياس المحاسبي التقليدي المتضمن أساس التكلفة التاريخية.

2) تقوم الأصول المتداولة عمومـاً وأضاف المخزون خصوصـاً بشكل منسجم مع هذه الفرضية على أساس التكلفة أو السوق.

3) ضرورة التخلي عن فروض الاستمرارية كونهـا تخلـق مشـاكل عمليـة في القيـاس المحاسبي.

4) نظرية التوازن المحاسبي:

يعتبر التـوازن المحاسبي أحـد الركـائز الأساسـية للعلاقـة بـين المحاسـبة والرياضيات من خلال تطبيق المعادلات الجبرية البسيطة في تحقيق التوازن كـما في المعادلة التالية:

المعادلة المحاسبية للميزانية

الأصول = الخصوم + رأس المال – المشاريع الفردية.

الأصول = الخصوم + حقوق الملكية – الشركات.

أما المعادلة المحاسبية للدخل

المصاريف = الإيرادات + صافي الربح أو صافي الخسارة

تساعد المعادلتين المحاسبية للميزانية والدخل على الحكم في صحة العمل المحاسبي والكشف عن بعض أنواع الأخطاء المحاسبية من أجل معالجتها وتصميمها.

5) نظرية وحدة القياس النقدي

تساهم هذه النظرية في إرساء قواعد أساسية للبناء الفكري لنظرية المحاسبة، من خلال استخدام النقود والذي حقق تطور نوعي ملموس في القياس المحاسبي مثل قياس الظواهر والأحداث الوصفية والتعبير عنها كمية وقيمة.

أن استخدام فرضية النقود كوحدة للقياس تترتب عليها طرح بعض الأفكار التي صيغت على شكل مبادئ في المحاسبة، لإثبات وحدة النقد وقياس الأصول الثابتة على أساس مبدأ التكلفة التاريخية.

الفصل الثامن

نظرية السياسات المحاسبية

نظرية السياسات المحاسبية

تعريف السياسات المحاسبية:

هي تلك السياسات المحاسبية التي تستخدم كمرشد وموجه لتوضيح كيفية تطبيق الإجراءات المحاسبية للحصول على المعلومات المحاسبية كهدف عام للنظام المحاسبي.

سياسات الإفصاح التام :

تستخدم سياسة الإفصاح التام لمساعدة كافة مستخدمي المعلومات المحاسبية المصاغة في القوائم المالية حتى تساعد على اتخاذ القرارات بشكل أفضل. حتى تتصف بالدقة والملاءمة والوضوح والشمول بعيداً عن الظلم والغموض.

ويجب أن تكون سياسة الإفصاح التام شاملة لكافة مراحل الدورة المحاسبية مجيدة في تطبيق النظام المحاسبي لتساعد على إضافة توضيحات ضمن قوائم مالية. لذا لا بد من معرفة الحدود والمجال الواجب استخدامه لممارسة الإفصاح والذي يتطلب:

- ما هو نوع وحجم المعلومات المطلوب الإفصاح عنها.
- متى يتم ممارسة الإفصاح بشكل تام.
- ما هي أنواع الإفصاح الواجب القيام بها.
- ما هي أساليب الإفصاح الواجب القيام بها.

أهداف سياسة الإفصاح التام

1) إزالة الغموض.

2) تجنب التضليل في عرض معلومات مالية ومحاسبية.

3) مساعدة صناع القرار على صنع القرارات بشكل صحيح ومبنية على معلومات دقيقة.

عناصر الإفصاح التام

1) الأسس المحاسبية المطبقة.

2) الارتباطات المالية الحالية والمستقبلية.

3) الإفصاح عن المكاسب والخسائر المحتملة.

4) الطرق والسياسات المحاسبية المتبعة.

5) أسس التسجيل المحاسبي.

سياسة الثبات والالتزام:

تدعو هذه السياسة إلى ضرورة الالتزام المحاسبي بطرق ثابتة يستخدمها لمعالجة المشاكل المحاسبية، والثبات في إجراء المقارنات السليمة والصحيحة للمعلومات المحاسبية التي تتضمنها القوائم المالية في نفس الوحدة الاقتصادية ما بين سنه وأخرى. وتساعد سياسة الإلتزام والثبات على دراسة القضية بشكل تحليل إحصائي يعكس الاتجاه العام لأنشطة الوحدة الاقتصادية.

مميزات سياسة الثبات والالتزام:

1) تعتبر من أهم السياسات المحاسبية التي يجب على المحاسب الالتزام بها.

2) تعتبر سياسة الثبات أحد المعايير الأساسية لأعداد تقرير مراجع الحسابات.

3) حدوث تغير في ظروف تستدعي ذلك.

سياسة الحذر

تساعد هذه السياسة على فهم الفكر المحاسبي والفروض والسياسات والمبادئ التي ترتكز على الحذر من المعلومات المحاسبية وملاءمتها ورفع درجة الاعتماد عليها حتى تستدعي أخذ الخسائر المحتملة والمتوقعة الحدوث بالحسبان.

ويلجأ المحاسب إلى اختيار طرق وأساليب القياس المحاسبي في ظل عدم التأكد وذلك تحقيقاً لما يلي:

1) العمل على زيادة الأصول بل تخفيضها.
2) استخدام طرق لقياس الخصوم بقيمة أعلى.
3) العمل على عدم زيادة صافي الأرباح بل تخفيضها.

هذا السياسة تساعد على الاهتمام في إعداد القوائم المالية وارتفاع درجة المخاطرة، وواجه المحاسب في ظل هذه الفترة ضرورة حماية نفسه من المسؤولية القضائية تجاه المستثمرين والموردين الذين تعرضوا إلى خسائر بسبب إفلاس الشركة التي كان المحاسب مسؤولاً عن تقرير وضعها المالي المضل وغير الدقيق.

يوجد بعض الجهات المستخدمة للمعلومات المحاسبية تؤيد وتشجع أتباع سياسة الحذر ومنها:

- الدائنين
- المحللين الماليين.
- المقترضين.

وفي الجانب الآخر نجد أن البعض يتعرض على تطبيق تلك السياسة نظراً لتناقضها مع المنطق العلمي في المحاسبة وعدم انسجامها مع بعض المبادئ والسياسات الأخرى.

يساعد الاهتمام بسياسة الحذر كونه متعاوناً مع الميزانية العمومية لكن بعد تحول الاهتمام نحو القائمة الدخل على حساب قائمة المركز المالي، أدى ذلك إلى تقليل الاهتمام بسياسة الحذر.

سياسة التسجيل المحاسبي

من سياسة التسجيل المحاسبي الأسس النقدي والاستحقاق:

أولاً: الأسس النقدي والذي يطبـق في المؤسسـات العامـة والحكوميـة مـما يعكس غياب المصاريف والإيرادات علـى أسـاس إيرادي بمعـزل عـن عائـديتها. كـما تسجل على أنها تخص الفترة التي تحققت فيها. وضمن ملخـص الإيرادات والمصروفات.

وهنا لا توجد تسويات جردية في نهاية السنة المالية كـما لا توجـد معالجـة محاسبية بإهلاك الأصول الثابتة والمستحقات من الإيرادات والمصروفات.

ثانياً: الأسس الإستحقاقي والـذي تهـدف إلى تطبيقـه في المؤسسـات التي تهـدف لتحقيق الأرباح والعائدية الزمنية لهذا المصروف أو ذلك الإيراد للتحقق مـن تطبيق مبدأ مقابلة الإيرادات بالمصروفات ومبدأ الدورية.

وهنا يجب الفصل في المصاريف وبـين الإيرادات بنوعيتها الايراديـة التـي تدخل في الحسابات الختامية لنفس السنة والرأسمالية، ويتطلب الأمر إجـراء قيـود تسوية جردية وإقفال في نهاية السنة المالية.

الفصل التاسع

نظرية النفقات والإيرادات

نظرية النفقات والإيرادات

أولاً: النفقــات

تعريف النفقة: هي التضحية مقابل عائد وتقاس نظرياً بتكلفة الفرصة الضائعة والتي يتكون من اتجاه الاتفاق ناحية سلعة معينة دون أخرى والتي تعني ضياع فرصة اتفاق تجاه السلعة الأخرى، وذلك على أساس المنفعة الحدية التي تقدمها كل من هاتين السلعتين.

نماذج القرارات التي تخص النفقات

1) نماذج تخطيط المخزون السلعي ورقابته، حيث أن تحديد الحجم الأمثل للمخزون السلعي يعد من القرارات المتكررة، وتكون ذو أثر مباشر في تقويم أداء المشروع وإداراته المختلفة، ومن المعلومات التي تحتاج إليها مثل هذه القرارات، تكلفة المال المستثمر في المخزون.

2) نماذج قرارات التسعير، حيث يمثل تكلفة الإنتاج عاملاً عاماً من عوامل تحديد أسعار السلع والخدمات، مثلاً أن استبعاد تكلفة رأس المال من تكاليف الإنتاج يؤدي إلى أخطاء في قرارات التسعير.

3) نماذج تحليل التعادل وتخطيط الإنتاج وجدولته، حيث تؤثر تكلفة رأس المال في نتائج دراسات وتحليل التعادل إذا ما اختلف توقيت أحداث التكاليف عن توقيت تدفق الإيراد.

4) نماذج تقويم الأداء السابق، حيث تقويم أداء أحد الأقسام يزداد الاتجاه إلى أخذ حجم رأس المال المستثمر بعين الاعتبار، إذ أن التركيز على رقم الربح وحدة يفسح المجال أمام زيادة لا مبررة لها في حجم الربح والمخزون والمغالاة في الاستثمار.

أنواع النفقــات

1) نفقات تؤدي خدمات طويلة الأجل للمشروع، وهي نفقات رأسمالية والتي تشتمل عادة في شراء الأصول الثابتة ومستلزماتها.

وتشتمل أيضاً جميع النفقات التي تصرف على هذه الأصول لجعلها قابلة للاستعمال مثل رسوم التسجيل والأتعاب القضائية والعمولات والتأمين ومصاريف التركيبات. وتقسم هذه النفقات إلى:

- نفقات التحسين والتي تؤدي إلى إطالة حياة الأصل الإنتاجية أو زيادة قدرته الإنتاجية العادية أو تخفيض تكاليف الإنتاج.
- نفقات الإحلال والتي تتمثل في استبدال أصل جديد أكثر كفاية بأصل قديم، أو استبدال جزء آخر بجزء رئيسي من أصل قديم.
- نفقات إضافية وهي تكون مكونة من استثمار جديد برأس مال عن طريق زيادة الطاقة المستغلة والتوسع في شراء الأصول الثابتة.

2) نفقات إيرادية، والتي تتميز بالحصول على خدمات فورية، وتكون هناك علاقة نسبية بين النفقة والإيراد، حيث أن النفقة تتسبب في تحقيق إيراد في المستقبل وعن طريق المعادلة المنطقية بين الإيرادات والنفقات تنتج الأرباح، وهي أيضاً متكررة ودودية ترافق المشروع وتستمر معه طالما أنه يستمر في مزاولة نشاطه، تقسم هذه النفقات إلى:

- نفقات إيراديه متعلقة بوظيفة الإنتاج.
- نفقات إيراديه متعلقة بوظيفة البيع والتوزيع.
- نفقات إيراديه متعلقة بالوظيفة الايراديه.
- نفقات إيرادية متعلقة بوظيفة التمويل.

3) نفقات إيراديه مؤجلة، وهي جميع المبالغ التي تنفق على خدمات يستفاد منها في أكثر من دورة مالية، وتهدف إلى تحقيق الإيراد، وتعكس في طبيعته الخدمات التي يتم الحصول على خدمات فورية متعلقة بفترة مالية واحدة.

ويمكن أن تتصف هذه النفقات بالصفات التالية:

- كبر حجم النفقة بالمقارنة مع النفقات الإيراديه.
- هدف النفقة هو الحصول على خدمات قصيرة الأجل يستفيد منها المشروع لأكثر من فترة مالية واحدة.
- وجود علاقة بين النفقات والإيرادات بأكثر من فترة.

فوراق أنواع النفقات المختلفة

1) وجود علاقة بين النفقة الايراديه والإيراد، حيث ينتج عن النفقة الحصـول على خدمات أو إيرادات، فإن كانت هناك علاقة سببية مباشرة بـين النفقـة الإيراديه بحيث لا يمكن تحقيق الإيراد بدون الإتفاق أولاً نكون أمام نفقـة إيرادية.

2) الأهمية النسبية في كيفية جعلها إيراديه أو رأسمالية فإذا كانت النفقة من الأهمية بحيث تتعلق بإستراتيجية المشروع ككل فإنها تعد رأسمالية، أمـا إذا قلت أهميتها النسبية فتحتسب إيراديه.

3) مدة الاستفادة من الخدمة والتي يتم الحصول عليها من النفقة فورية أي متعلقة بالمدة المالية الحالية فهي نفقة إيراديه، وإذا كانت الخدمـة التـي نحصل عليها من النفقة طويلـة الأجـل يسـتفيد منهـا المشـروع لعـدد مـن السنوات المستقبلية.

ثانياً: الإيراد

مفهوم الإيراد: هو حاصل تحقيق النفقة عـن طريـق إجـراء المقابلـة بـين النفقـات الإيراديـة والإيـرادات التـي سـببتها ويمكـن الحصـول عـلى الـربح والخسارة منها.

هنالك دليل موضوعي على مفهوم الإيراد يشمل:

■ دليل على أن البيع هو النقطة التي يتم بموجبها تحول الأصول التبعيـة وتبادلها مع الأصول الأخرى.

■ دليل على أن البيع هو النقطة التي يتم تحديد الإيراد عـلى أساسـها مـن حيث السعر المتفق بين المشتري والبائع.

أنواع الإيرادات:

1) إيرادات إيراديه عادية، تنشأ عن طريق عملية البيع للسـلع أو الخـدمات التـي تمثل نشاط المنشأة وتتميز بما يلي:

■ تتعلق بالفترة المحاسبية التي تعد الحسابات عنها خلال سياق عمليات المشروع.

- تتصف بأنها متكررة من فترة مالية إلى أخرى.
- هي عائد يقابل النفقات الإيراديه التي يقدمها المشروع.

2) الإيرادات الإيراديه الغير العادية، تنشأ عن طريق أنشطة عارضة أخرى بسبب عوامل إدارية أو قانونية أو اقتصادية لا يمكن التحكم بها.

وتتصف هذه الإيرادات بما يلي:

- ليس من الضروري أن تكون هذه الإيرادات متعلقة بالمدة المالية الحالية.
- لا تتصف بالتكرار .
- لا يوجد علاقة سببية بين هذه الإيرادات والنفقات الإيراديه.

كما يشتمل تقويم الأداء السابق لهذه الإيرادات على أساس أن كلا النوعين من الأرباح يتطلبان نموذجين مختلفين من القرارات وأن الإدارة تتمتع بحرية اتخاذ القرار المتعلق بكل منهما على حده. وأيضاً يشمل على توجيه قرارات الأعمال كمؤشر على الربحية على الأمد الطويل والتي تستخدم في التنبؤ إذا كان الإنتاج الموجود التي تتم من خلالها العملية الإنتاجية في الوقت الحاضر يتوقع أن تستمر أن تكون أيضاً في المستقبل، وحصوله على مؤشر تنبؤي أكثر ثباتاً ورفض أسعار السوق للتقويم من جهة أخرى.

3) كسب رأسمالي، وهو الربح الناتج عن إعادة تقويم أصل من الأصول الثابتة للمنشأة أو بيعه، كذلك بيع الأصل وتحقيق ربح ليس إيراداً عادياً متكرر الحدوث، حيث قد تبيع المنشآت الأصل الثابت لاستبداله آخر أكثر كفاءة أو بقصد الاستغناء عنه نهائياً. أو تعيد لأغراض مختلفة منها الاستبدال.

الأحداث التمويلية:

تهدف إلى الحصول على الأموال اللازمة لأوجه نشاط المشروع المختلفة والتي تشكل الأحداث المالية الخلفية الاقتصادي التي يبنى عليها المشروع الجديد أو بتوسيع المشروع القائم من خلالها.

وتهدف هذه الأحداث التمويلية إلى دفع أموال جديدة في المشروع، واحتجاز الأرباح والاقتناع عن توزيعها على أصحاب المشروع والحصول على أموال من الغير تتمثل

في صـورة قـروض طويلـة الأجـل أو قصـيرة الأجـل، أو في صـورة ديـون للموردين الذين يتعاملون مع المشروع لأجل أو كمبيالات.

الخصم النقدي والمسموحات

يمنح الخصم مقابل حصول البائع على الثمن نقـداً مـما يمكنـه في استثمار حصيلة البيع في المشروع، ومقابل عمولات التحصيل ومصروفات التحصيل، وتأمين المسار للعملاء وإفلاسهم.

كذلك قد يتنازل البائع إلى المشتري عن جـزء مـن ثمـن البيـع كمسـموحات للمشتري، ويمكن النظر إلى الخصم النقدي المسموح به والمسموحات بمثابة نفقـة من بين عناصر النفقات إلا أن الـرأي السـليم يقتضي ـ عـد كـل مـنهما تخفيضاً في الإيرادات الناتجة عن المبيعات.

كذلك أن تنزيل الخصم أو المسموحات بجانب النفقات يبرره التطبيق العلمـي، إذا تم التسجيل للمبيعات وترحيلها ثم منح المشتري خصماً نقدياً أو مسموحات ممـا يضطر المحاسب إلى تسجيل الخصم على أنه نفقة دون اقتطاعه من الإيراد.

الفصل العاشر

نظرية الوكالة والمراجعة

نظرية الوكالة والمراجعة

الوكلاء والموكلين:

ترى نظرية التنظيم (الإدارية) الحديثة أن الشركة مكونة من مجموعات من أصحاب المصالح ويتم عرض العلاقات بين هذه المجموعات من اصحاب المصالح عن طريق نظرية الوكالة، وتظهر علاقة الوكالة عندما يقوم طرف (الموكل) باستخدام طرف آخر (وكيل) للقيام ببعض الأعمال نيابة عنه.

مثال ذلك:

الموظفين وكلاء لمجلس الإدارة ومجلس الإدارة وكيل عن المساهمين، ومراقبوا الحسابات وكلاء من المساهمين. وينبغي على الموكل أن يأخذ في اعتباره العوامل النفسية ومؤداها أن هناك احتمالات لأن تتعارض بعض المصالح الخاصة للوكيل مع مصلحة الموكل وبالتالي قد تعوقه عن تحقيق أهدافه.

أمثلة عن تعارض أهداف الموكل والوكيل

1) يقع عبء رعاية وزيادة أصول الشركة على مجلس إدارة الشركة، ولكن هذا قد يتعارض مع مصالح أعضاء المجلس الشخصية حيث أن زيادة مكافأتهم تعني بالتبعية تقليل أصول الشركة، فإذا كانت مكافآت أعضاء مجلس الإدارة تتحدد في ضوء تحقيق الشركة لأرباح وقيمة الربح، لذا قد يوجد تعارض بين تأدية واجبهم نحو إظهار نتائج أعمال الشركة بشكل عادل وبين رغبتهم في الاحتفاظ بمستوى دخلهم.

2) يقوم مراقبوا الحسابات بتقديم تقريرهم إلى المساهمين ولكن في حالات كثيرة يكون قرار إعادة تعيينهم في يد مجلس الإدارة، من الناحية الواقعية، ولذا قد يوجد تعارض بين تأديتهم لواجباتهم بطريقة صحيحة وفي نفس الوقت احتفاظهم بعلاقات طيبة مع أعضاء مجلس إدارة الشركة.

وينبغي على الموكل معرفة هذه الجوانب حتى يمكن اتخاذ القرارات السليمة.

تطبيق نظرية الوكالة على المراجعة:

تنص نظرية الوكالة أنه مع وجود تعارض بين أهداف الوكيل والموكل فإنه توجد دائماً إجراءات لو تم تنفيذها فإنه يمكن التحقق من أن الوكيل يقوم بالأعمال التي تحقق أهداف الموكل، على سبيل المثال فإن النظرية تفترض أن المساهمين سوف يقومون بشراء أسهم فقط في حالة وجود أسس لحماية استثماراتهم، وواحدة من أهم أسس هذه الحماية هي مراجعة القوائم المالية عن طريق مراقب حسابات.

وبالنسبة لأعضاء مجلس الإدارة فالنظرية ترى أنهم يهمهم ثقة المساهمين في القوائم المالية التي تتم مراجعتها حيث أن شك المساهمين في نوعية المراجعة التي تمت قد تؤدي إلى أحجام المساهمين عن الاستثمار في الشركة.

ماهية المراجعة:

لقد كان لظهور الثورة الصناعية أثر كبير على الأنشطة الاقتصادية من حيث تنظيمها وعملها، بحيث يظهر هذا جلياً من خلال انفصال الملكية عن التسيير على خلاف ما كان سابقاً وبالتالي لم يعد للمالك أي دخل في المؤسسة من ناحية تسييرها ومراقبته، بحيث جعله لا يتطلع بشكل مباشر وكافي على واقع المؤسسة الحقيقي وكذا وجهة رأس ماله المساهم به في المؤسسة، ومنه أصبح من الضروري وجود طرف ثالث آخر محايد كواسطة بينه وبين المؤسسة يطلع من خلالها المتعاملين على حالة المؤسسة، وفي نفس الوقت يقدم النصح للإدارة من أجل تصحيح الأخطاء والتلاعبات التي قد تحدث وهذا عن طريق المراجعة التي يقوم بها في المؤسسة المعنية بالاعتماد على وسائل إجراءات خاصة.

التعاريف المختلفة حول المراجعة

التعريف الأول: التدقيق علم يتمثل في مجموعة المبادئ والمعايير والقواعد والأساليب التي يمكن بواسطتها القيام بفحص انتقادي منظم لأنظمة الرقابة الداخلية والبيانات المثبتة في الدفاتر والسجلات والقوائم المالية للمشروع بهدف إبداء رأي فني محايد في تعبير القوائم المالية الختامية عن نتيجة

أعمال المشروع من ربح أو خسارة أو عن مركزه المالي في نهاية فترة محددة.

ومنه يتضح أن التدقيق علم له مبادئ ومعايير وقواعد متعارف عليها بين أصحاب هذه المهنة، حاولت المنظمات المهنية والجمعيات العلمية للمحاسبين والمراجعين إرساءها خلال حقبة طويلة من الزمن، كما أن للتدقيق طرقه وأساليبه وإجراءاته التي تنظم عمل المدقق في فحصه لأنظمة الرقابة الداخلية ومحتويات الدفاتر والسجلات المالية وللتدقيق أهداف تتمثل في الحكم على مدى تعبير القوائم المالية عن نتيجة أعمال المشروع نم ربح أو خسارة وعن مركزه المالي في نهاية مدة محددة.

وتشمل عملية التدقيق:

1. الفحص: وهو التأكد من صحة قياس العمليات التي تم تسجيلها وتحليلها وتبويبها.

2. التحقيق: وهو إمكانية الحكم على صلاحية القوائم المالية كتعبير سليم لنتائج الأعمال خلال فترة معينة.

3. التقرير: وهو بلورة نتائج الفحص والتدقيق وإثباتها بتقرير مكتوب يقدم لمستخدمي القوائم المالية.

التعريف الثاني: معنى كلمة المراجعة لغوياً هو التأكد من صحة اي عمل من الأعمال بفحصه وإعادة دراسته. لكن هناك فرع من فروع الدراسات المحاسبة والمالية يسمى عادة باسم المراجعة، في هذه الحالة تكتسب هذه الكلمة معنى خاص هو الدلالة على المهنة المسماة بهذا الاسم. وهي مراجعة الحسابات والفن الذي يستخدمه في أداء مهمتها.

التعريف الثالث: مراجعة الحسابات لمنشأة ما تشتمل على دراسة أعمالها والنظم المتبعة في القيام بعملياتها ذات المغزى المالي وطريقة الرقابة والإشراف عليه وفحص سجلاتها القيود المحاسبية فيها، وكذلك مستنداتها وحساباتها الختامية والتحقق من أصولها والتزاماتها وأي بيانات أو قوائم مالية أخرى مستخرجة منها بقصد التثبت من أن الأعمال المحاسبية المعمول عنها مراجعة أو مقدمة عنها بشهادة المراجع

صحيحة، وتمثل ما تدل عن عمليات المنشأة المالية أو نتائجها أو الحقائق المتصلة بها أو مركزها المالي تمثيلاً صحيحاً بدون أي مبالغة أو تقصير، يدل هذا التعريف أن المراجعة قد تكون جزئية أي مراجعة جزء معين فقط، من أعمال سواء كان هذا الجزء من أعمالها العادية أو الاستثنائية الغير متكررة أو إجراء بحث معين لمساعدة الإدارة في اتخاذ بعض القرارات الاقتصادية وهو التعريف الشامل.

التعريف الرابع: المراجعة هي فحص ناقد يسمح بالتأكيد من أن المعلومات التي تنتجها وتنشرها المؤسسة صحيحة وواقعية، فالمراجعة تتضمن كل عمليات الفحص التي يقوم بها مهني كفئ خارجي ومستقل بهدف الإدلاء برأي فني محايد عن مدى اعتمادية وسلامة وشفافية القوائم المالية السنوية وأساس الميزانية وجدول حساب النتائج.

وهذا التعريف يتضمن ما يلي:

- السلامة: يعني مطابقة القوائم المالية أو المحاسبية للقواعد القانونية والمعايير والإجراءات والمبادئ المتعارف عليها والجاري العمل بها.
- الصراحة: تعني التطبيق بحسن النية لتلك القواعد انطلاقاً من المعرفة التي للمسؤولين عن الواقع للعمليات وأهميتها.

السلامة والصراحة سيؤديان إلى الوصول إلى الصورة الصادقة التي تعكس القوائم المالية والوضعية الحقيقية لممتلكات المؤسسة ونتائجها وصافي مركزها المالي.

التعريف الخامس: وهو تعريف جمعية المحاسبة الأمريكية. المراجعة هي عملية منظمة ومنهجية لجمع وتقييم الأدلة والقرائن بشكل موضوعي، التي تتعلق بنتائج الأنشطة والأحداث الاقتصادية وذلك لتحديد مدى التوافق والتطابق بين هذه النتائج والمعايير المقررة وتبليغ الأطراف المعنية بنتائج المراجعة.

التطور التاريخي للمراجعة

تشتق كلمة المراجعة أو التدقيق auditing مـن التعبير اللاتينـي audire وتعني الاستماع، حيث كان المدقق يستمع في جلسـة الاستماع العامـة والتي يتم فيها قراءة الحسابات بصوت مرتفع، وبعد الجلسة يقدم المـدققين تقاريرهم مع ملاحظة أن عملية التسجيل كانت تتم بطريقة بدائية، مهنة المحاسبة والتدقيق في صورة جهود فردية للقيام ببعض العمليات بحيث لم يبرز تدقيق الحسابات إلا بعد ظهور المحاسبة لأنهما عمليتان مترابطتان لا بـد مـن وجودهما معـاً، في أي نشاط ويسجل التاريخ مثلاً فضل السبق لظهور مهنة المحاسبة والتدقيق لمصر حيث كـان الموظفون العموميين فيها يحتفظون بسجلات لمراقبة الإيرادات وتدبير الأموال. وأن حكومتي مصر واليونان كانتا تستعينان بخدمات المحاسبين والمـدققين للتأكد مـن صحة الحسابات العامة فكان المـدقق في اليونـان يستمع القيـود المثبتة للـدفاتر والسجلات للوقوف على صحتها وسلامتها.

وأدى ظهـور نظريـة القيـد المـزدوج في القرن الخامس عشر- إلى سـهولة وتبسيط وانتشار تطبيق المحاسبة والتـدقيق، ولعبـت كـذلك السياسـة الماليـة والضريبة دوراً هامـاً وبـارزاً في تطوير مهنة المحاسبة والتـدقيق أيـن ظهرت أداة رقابة جديدة هي الرقابة والفحص الضريبي، ويبين التطور التاريخي لمهنة تـدقيق السحابات أن أول جمعية للمحاسبين أنشأت في فينيسيا (شمال إيطاليا) سنة 1581 م وكان على من يرغب مزاولة مهنة المحاسبة والتدقيق ثم اتجهت دول أخرى إلى تنظيم هذه المهنة. أما في الجزائر فكانت المؤسسات الجزائرية مقيدة بنصوص فرنسية إلى غاية 1975 م غير أنه في سنة 1970م كانت الرقابة على المؤسسـات الوطنية مطبقـة عليها نصوص قانونية.

تقوم الجمعية العامة أو مدير المؤسسة بتعيين مراجع الحسابات في كل مؤسسة ذات طابع صناعي أو تجاري وذلك لتؤمن من صحة حساباتها وتحليلها للوضع الخاص بالأصول والخصوم وللمأمور أو مراجع حسابات واجبات محددة كما أن له حقوق أيضاً.

في بداية الثمانينات أصبحت المؤسسة الجزائرية تطبق عملية المراجعة مع تطبيق نظام الرقابة الداخلية المحكم بالنسبة للمؤسسة الوطنية أما في سنة 2000 م فالجمعيات الممولة من طرف الدولة تفرض عليهم مراقبة ومراجعة حساباتها من طرف مأمور الحسابات.

أهمية المراجعة وأهدافها
أهمية المراجعة:

إن ظهور الثورة الصناعية في القرن التاسع عشر أحدث تغيرات جذرية في عالم الصناعة والتجارة بصفة خاصة، وفي مجالات الحياة بصفة عامة، فتحول المصنع الصغير إلى مؤسسة كبيرة ذات نشاطات متنوعة ووسائل مختلفة، فتعددت أشكال المؤسسات من الناحية القانونية وكذلك من ناحية النشاط فظهرت المؤسسات ذات الامتداد الإقليمي والوطني وتبعها ظهور المؤسسات المتعددة الجنسيات فكان لابد من إحالة الأمر لذوي الاختصاص من مسيرين وماليين، واستلزم وجود رقابة تحمي أموال المستثمرين من تعسف المسيرين، وهو ما يفترض أن يحققه التسجيل المحاسبي السليم للعمليات في المؤسسة. هنا بدأت تتجلى أهمية المراجعة داخل المؤسسات كانت خارجية تتم بواسطة أفراد من خارج المؤسسة ومراجعة داخلية تتم بواسطة أفراد من داخل المؤسسة، فأصبح المراجع بمثابة الساهر على مدى إثبات صحة ودقة وسلامة القوائم المالية والختامية ومدى إمكانية الاعتماد عليها.

فأصبحت بذلك المراجعة كيان ملموس ووجود ظاهر للعيان وأصبح لها خطورتها وأهميتها في الميدان الاقتصادي، ويرجع السبب في أن المحاسبية ليست غاية بحد ذاتها بل هي وسيلة لتحديد الغاية، هدفها خدمة الأشخاص الذين يستخدمون البيانات المحاسبية ويعتمدون عليها في اتخاذ القرارات ورسم الخطط المستقبلية، ومن هؤلاء الأشخاص والمؤسسات التي يهمها عمل المراجع نجد المديرين الذين يعتمدون اعتماداً جلياً وكلياً على البيانات المحاسبية في وضع الخطط ومراقبة تنفيذها. أما الفئة الثانية المستفيدة من عملية مراجعة المستثمرين الذين يعتمدون على القوائم المالية (الحسابات الختامية) وما فيها من بيانات والتي تقدمها المشروعات المختلفة قبل اتخاذ أي قرار بتوجيه مدخراتهم.

وينبغي أن نذكر الهيئات الحكومية المختلفة وأجهزة الدولة المحددة التي تعتمد اعتماداً كلياً على البيانات الحسابية في أغراض كثيرة، نذكر منها التخطيط الإستراتيجي التنفيذي والإشراف والمراقبة على المؤسسات التي لها مساس بالمرافق العامة وفرض الضرائب المختلفة وتحديد الأسعار وبعض السلع والخدمات الضرورية وتقرير المنح....الخ.

أهداف المراجعة:

هناك نوعين من الأهداف: أهداف تقليدية، وأخرى حديثة أو متطورة.

أ) الأهداف التقليدية: بدورها تتفرع إلى

1. أهداف رئيسية

- التحقق من صحة ودقة وصدق البيانات الحسابية المثبتة في الدفاتر ومدى الاعتماد عليها.

- إبداء رأي فني محايد يستند على أدلة قوية عن مدى مطابقة القوائم المالية للمركز المالي.

2. أهداف فرعية:

- اكتشاف ما قد يوجد بالدفاتر والسجلات من أخطاء أو غش.

- تقليص فرص ارتكاب الأخطاء والغش لوضع ضوابط وإجراءات تحول دون ذلك.

- اعتماد الإدارة عليها في تقرير ورسم السياسات الإدارية واتخاذ القرارات حاضراً أو مستقبلاً.

- طمأنة مستخدمي القوائم المالية وتمكينهم من اتخاذ القرارات المناسبة لاستثماراتهم.

- معاونة دائرة الضرائب في تحديد مبلغ الضريبة.

- تقديم التقارير المختلفة وملأ الاستثمارات للهيئات الحكومية لمساعدة المدقق.

ب) الأهداف الحديثة والمتطورة:

1) مراقبة الخطة ومتابعة تنفيذها ومدى تحقيق الأهداف وتحديد الانحرافات وأسبابها وطرق معالجتها.

2) تقييم نتائج الأعمال ووفقاً للنتائج المرسومة.

3) تحقيق أقصى كفاية إنتاجية ممكنة عن طريق منع الإسراف في جميع نواحي النشاط.

4) تحقيق أقصى قدر ممكن من الرفاهية لأفراد المجتمع.

5) التأكد من صحة عمل الحسابات الختامية وخلوها من الأخطاء الحسابية والفنية سواء المعتمدة أو غيرها نتيجة الإهمال أو التقصير.

6) دراسة النظم المتبعة في أداء العمليات ذات المغزى المالي والإجراءات الخاصة بها لأن مراجعة الحسابات تبدأ بالتأكد من صحة هذه النظم.

ومن خلال هذه الأهداف العامة للمراجعة يمكن استخراج أهداف عملية وميدانية نذكر منها:

أولاً: الشموليـــة

نقصد بهذا المعيار أن كل العمليـات التـي حققتهـا المؤسسـة مترجمـة في الوثائق والكشوف المالية أي أن كل عملية قد تم تسجيلها وتقيدها عند حدوثها في وثيقة أولية تسمح فيما بعـد مـن تسجيلها محاسبياً، عـدم وجود هـذه الوثيقـة الأولية يجعل من المستحيل تحقيق مبدأ الشمولية للتسجيلات المحاسبية.

ثانياً: الوجـــــود

هو أن كل العمليات المسجلة لها وجود مالي ونقصد بمبدأ الوجـود أن كـل العناصر المادية في المؤسسة (استثمارات، مخزونات) لـديها حقيقـة ماديـة بالنسبـة للعناصر الأخرى (الديون، النفقات، الإيرادات)، يتأكد المراجـع أيضاً مـن وجودهـا أي من واقعيتها بحيث لا تمثل حقوقاً أو ديوناً أو إيرادات أو نفقات وهمية.

ثالثاً: الملكيـــــة

نقصـد بمبدأ الملكيـة أن كـل الأصـول التـي تظهـر في الميزانيـة هـي ملـك للمؤسسة فعلاً، أي هناك مستند قانوني يثبت تلك الملكية بحيث لم تـدمج للأصـول عناصر ليس ملكاً للمؤسسة لكنها موجودة في الخارج قد تم تسجيلها أيضاً،تعتبر كل الحقوق التي ليست ملك للمؤسسة كالتزامات خارج الميزانية ولا بد أن تقيـد في دفاتر خاصة تبين طبيعتها، بحيث إذ لم تكن الملكيـة للمؤسسـة لا يحـق لهـا تسجيلها في الوثائق المحاسبية ومن حق المراجـع التأكـد مـن صحة الملكيـة وذلـك وجود مستند قانوني.

رابعاً: التقييـــم

معنى هذا المبدأ هو أن كـل العمليـات التـي قـد تم تقييمهـا طبقـاً للمبادئ المحاسبية المتعارف عليها وأن عملية التقييم طبقت بصفة ثابتة من دورة إلى أخرى.

خامساً: التسجيل المحاسبي

نقصد بهذا المبدأ أن كل العمليات قد تم جمعها بطريقة صحيحة كما تم تسجيلها وتركيزها باحترام المبادئ المحاسبية المتعارف عليها، وباعتماد طرق ثابتة من دورة إلى اخرى، ونقصد بالتسجيل أن كل العمليات سجلت أي أدرجنا فيها ما يجب.

وأخيراً نتطرق إلى تطور دور وأهداف المراجعة تاريخياً من خلال النقاط التالية:

- قبل عام 1900م كان الهدف من التدقيق اكتشاف التلاعب والاختلاس والأخطاء، ولذلك كان التدقيق التفصيلي ولا وجود لنظام الرقابة الداخلية.

- من 1905 م إلى 1940م: كان الهدف من التدقيق تحديد مدى صحة وسلامة المركز المالي بالإضافة إلى اكتشاف التلاعب والأخطاء ولذلك بدأ الاهتمام بالرقابة الداخلية.

- من 1940 م إلى 1960: كان الهدف من التدقيق تحديد مدى سلامة المركز المالي وصحته وتم التحول نحو التدقيق الاختباري الذي يعتمد على متانة وقوة نظام الرقابة الداخلية.

- من 1960 حتى الآن: أضيفت أهداف عديدة منها:

- مراقبة الخطط ومتابعة تنفيذها والتعرف على ما حقق من أهداف، ودراسة الأسباب التي حالت دون الوصول إلى الأهداف المسطرة.

أ. تحقيق أقصى قدر من الرفاهية لأفراد المجتمع.

ب. القضاء على الإسراف من خلال تحقيق أقصى كفاية إنتاجية ممكنة في جميع نواحي النشاط.

ج. تخفيض خطر التدقيق وذلك لصعوبة تقدير آثار عملية التدقيق على العميل أو المنشآت محل التدقيق.

أنـواع المراجعـة

أولاً: المراجعة من حيث طبيعة المؤسسة

تتضمن المراجعة نوعين:

1) مراجعة المؤسسات العمومية:

تنصب المراجعـة العامـة عـلى المنشـآت ذات الصفة الحكوميـة او غـير الحكومية في حـد ذاتهـا والتـي يخضـع لقواعـد الحكومـة الموضوعـة، أمـا الأمـوال المستغلة في هذه المنشأة لها صفة عمومية وتمتلكها الدولة ولها صفة رقابة مباشرة عليها، كما تقيد المصالح الحكومية حساباتها بطريقة خاصة تختلف عـن تلـك المتبعة في المنشآت التجارية أو الصناعية، إلا أن طريقـة المراجعـة واحـدة في كلتـا الحالتين وبصدور قانـون يوليـو 1961م (عهـد الاشـتراكية) انتقـل عـدد كبـير مـن الشركات المساهمة إلى الملكية العامة، بالرغم من احتفاظ هذه الشركات بصفتها القانونية وأصبح للدولة حق الرقابة عليها، وقد ترتب عن إصدار قانون رقم 129 لسنة 1964 م بشأن الجهاز المركزي مراجعة حسابات المؤسسة والهيئـات العامـة ومـا يتبعهـا مـن شركات وجمعيـات ومنشـآت، لأن انتقـال المراقبـة مـن مراقبـي الحسابات الخاصين بجهاز مركزي يقتضي فترة انتقال، فإن القانون نص عـلى جـواز تعيين مراقبي الحسابات من بين من يزاولون المهنة خارج القطاع العـام حتـى يتم تشكيل إدارة خاصة بهذا الجهاز.

2) مراجعة الشركات الخاصة:

هي مراجعة المنشآت التي تكون ملكيتها للأفراد سـواء شركات الأمـوال أو شركات الأشـخاص أو منشـآت فرديـة أو جمعيـات ونـوادي، وسميت بالمراجعـة الخاصة لأن الذي يمتلك رأس المال المحدود هو من الأفراد، فهناك عدة أشخاص في شركات الأموال أو شركات الأشخاص أو منشآت فردية أو جمعيات ونوادي وسميت بالمراجعة الخاصة لأن الذي يمتلك رأس المال المحدود هو من الأفراد، فهناك عـدة أشخاص في شركات المساهمة وفرد واحد في المؤسسات الفردية، وتختلف علاقـة المراجـع بأصحاب هذه المنشآت، وذلك حسب طبيعة العقد الموجود بينهما وحسب درجة الالتزام،

فشركات المساهمة مثلاً ملزمة بتعيين مراجع خارجي ليراجع لها حساباتها وأوراقها الختامية والعكس لشركة ذات الفرد الواحد الـذي لـه أن يختار المراجـع والمهنة المسندة إليه.

ثانياً: من زاوية نطاق عملية التدقيق

نتطرق إلى نوعين من عملية التدقيق

1) المراجعة الكاملة أو التدقيق الكامل

كان التدقيق قديماً وحتى عهد قريب يتم فحص جميـع العمليات المقيـدة بالـدفاتر والسجلات ومـا تتضمنه مـن بيانات أو حسابات خالية مـن الأخطاء والتلاعب والغش أي تدقيق كامل تفصيلي، إذ كانت المشاريع صغيرة وعملياتها قليلة وكنتيجة لتطور ميادين الصناعة والتجارة ومـا صاحبها مـن تعـدد المشاريع وكبر حجمها أصبح التدقيق مستحيلاً ومكلفاً وغير عملي لما يتطلبه مـن جهد كبير ووقت طويل، مما أدى إلى تحول هذا التدقيق إلى تدقيق كامل اختياري وقد ساعد هذا الاتجاه على زيادة اهتمام المشاريع بأنظمة الرقابة الداخلية وأدواتها وتحقيق نظام دقيق متين لها، حيث أصبحت كمية الاختيارات وحجم العينـة تتوقف عـلى مدى مكانة ودقة أنظمة الرقابة الداخلية، فالفرق بـين الكامـل التفصيلي والكامـل الاختياري يقتصر على نظام التدقيق فقط وليس بالأصول والمبادئ المحاسبية.

2) التدقيق الجزئي أو المراجعة الجزئية:

هي العمليات التي يقوم بها المدقق وتكون محـدودة الهـدف أو موجهـة لغرض معين كفحص العمليـات النقديـة خـلال فـترة معينـة أو فحص حسابات المخازن والتأكد من جرد المخزون. ويهدف هذا النوع إلى الحصول على التقرير المتضمن خطوات التي اتبعت والنتائج التي توصل إليها الفحـص، ولا يهـدف إلى الحصـول عـلى رأي فني محايد على مدى عدالة القوائم المالية ومدى دلالتها للمراكز المالية ونتيجة الأعمال كما هو في التدقيق الكامل، ويجب على المدقق في التدقيق الجزئي الحصول على عقد كتابي يوضح المهمة المطلوب قيامه بها ليحمي نفسه ولا ينسب إليه تقصيره في الأداء.

ثالثاً: من حيث حتمية القيام بالمراجعة

نجد فيها نوعين:

1) المراجعة الإلزامية:

تتميز المراجعة الإلزامية بوجود عنصر الجبر والإلزام ومن ثم يمكن الجزاء على المخالفين لأحكامها، وكذلك يجب أن تتم المراجعة وفقاً لقواعد ونصوص وإجراءات المنصوص عليها وعلى المراجع أن يتحقق من أن عملية تعيينه لم تتم بمخالفة الأحكام القانونية.

وفي ضوء هذه المراجعة فإن المراجع يؤدي عمله بالطريقة التي يراها مناسبة وضرورية كما أنه لا يجب أن توضع أية قيود أو حدود على المراجع أثناء تأديته لواجباته حتى ولو كانت هذه القيود واردة في القوانين التنظيمية للمؤسسة، وفي صورة قرارات صادرة عن الجمعية العامة للمساهمين تعتبر مثل هذه القيود كأنها لم تكن في مواجهة المراجع الذي يعتبر مسؤول إذا ما رضخ لهذه القيود.

2) المراجعة الاختيارية:

في حقيقة الأمر أن مراجعة الحسابات الاختيارية تقرير القيام بها يرجع إلى أصحاب المؤسسة أنفسهم وإلى غيرهم من أصحاب المسألة والمصلحة فيه، وبناء ذلك فإن عملية تعيين مراجع الحسابات في المشروعات الفردية أو شركات الأشخاص يرجع إلى أصحاب المؤسسة وفي بعض أنواع الشركات مثلاً شركة الأموال فإن أمر تعيين مراجع الحسابات إلزامي بناء على النصوص والتشريعات الصادرة عن الدولة. ويرجع ذلك إلى الدور الذي تلعبه المؤسسات في الاقتصاد القومي، وبناء على ذلك فإنه يتعين إسناد عملية مراجعة الحسابات لمراجع مستقل لشركات الأموال سواء كانت تابعة للقطاع العام أو الخاص.

رابعاً: من حيث وقت عملية التدقيق

يتضمن نوعين:

1) التدقيق النهائي:

يقصد به التدقيق في نهاية الفترة المالية للمنشأة، بعد أن تكون الدفاتر قد أقفلت وقيود التسوية قد أجريت والقوائم المالية قد أعدت، ويمتاز هذا النوع بضمان عدم حدوث أي تعديل في البيانات المثبتة في الدفاتر والتغير في أرصدة الحسابات بعد تدقيقها حيث تبدأ عملية التدقيق بعد ترصيد الحسابات وإقفال الدفاتر.

2) التدقيق المستمر:

يقصد به قيام عملية التدقيق والفحص بصفة مستمرة، إذ يقوم المدقق أو مندوبه بزيارة المنشأة بفترات متعددة خلال السنة المالية لتدقيق وفحص البيانات المثبتة بالدفاتر والسجلات، بالإضافة إلى التدقيق النهائي للقوائم المالية في نهاية السنة المالية بعد ترصيد الحسابات وإقفال الدفاتر.

يتم هذا النوع ويسير وفق برنامج مرسوم يعده ويجهزه المدقق على ضوء دراسته وتقييمه لأنظمة الرقابة الداخلية.

خامساً: التدقيق حسب الهدف

ينقسم هذا التدقيق إلى أربعة أقسام:

1) التدقيق المالي

يتعلق هذا النوع من التدقيق بفحص أنظمة الرقابة الداخلية وسجلات المستندات المحاسبية بقصد إعطاء رأي مستقل عن مدى دلالة الميزانية على المركز المالي الحقيقي للمشروع وعن مدى إظهار الحسابات الختامية للنتائج الفعلية لهذا المشروع.

2) التدقيق الإداري

من أجل تدقيق الكفاءة الإنتاجية للإدارة، على المدقق أن يتأكد من أن أموال المشروع يتصرف فيها بشكل اقتصادي. بحيث يحصل على أحسن أو أفضل منفعة لأقل تكلفة ممكنة ويتضمن هذا النوع من التدقيق التأكد من الإجراءات الإدارية ومن الرقابة المالية على التكلفة.

3) تدقيق الأهداف

يهدف هذا النوع إلى التعرف فيما إذا كان المشروع قد حقق الأهداف التي تأسس من أجلها، وتعني التدقيق القانوني وهو تأكد المدقق من أن المنشأة طبقت نصوص الأنظمة التي تصدرها الدولة، فمثلاً على مدقق الحسابات التأكد من تطبيق الشركات لقانون الشركات بنظامها الداخلي وعقد تأسيسها.

4) التدقيق الاجتماعي

التأكد من أن المنشأة قد حققت أهدافها الخاصة والأهداف العامة تجاه البلد الذي تعمل به. فشركة المساهمة مثلاً تسعى إلى تحقيق الأرباح وفي نفس الوقت عليها مراعاة تحقيق الأهداف الاجتماعية والصحيحة للمجتمع الذي تعمل لخدمته.

سادساً: المراجعة من حيث استقلاليتها وحيادها

تتضمن هذا النوع من المراجعة نوعين منها:

1) المراجعة الداخلية

تعرف المراجعة الداخلية بأنها الفحص المنظم للمشروع ودفاتره وسجلاته بواسطة جهة داخلية أو مراجعين تابعين كموظفين للمشروع، ولعل السبب في نشأة هذا النوع من المراجعة يرجع أساساً إلى كبر حجم المشروعات وتعدد وتنوع عملياتها المالية وكذلك الابتعاد التدريجي للإدارة العليا للمشروع عن تفاصيل تنفيذ السياسات والخطط الموضوعة، الأمر الذي استلزم وجود إدارة وقائية ورقابية تضمن التحقق من عمليات المشروع وجديتها فور إتمامها أو حدوثها.

ويهدف هذا النوع من المراجعة إلى تحقيق أكبر كفاية إدارية وإنتاجية ممكنة للمشروع عن طريق محو الإسراف واكتشاف أخطاء التلاعب في الحسابات والتأكد من صحة البيانات التي تقدم للإدارة لتسترشد بها في رسم خططها واتخاذ قراراتها ومراقبة تنفيذها، إلا أن وجود قسم إدارة داخلية للمراجعة بالمؤسسة لا يغني عن تكليف المراجع الخارجي بفحص ومراجعة حسابات، فالطريقة التي ينفذ بها المراجع الخارجي عمله تختلف عن الطريقة التي يتبعها المرجع الداخلي.

2) المراجعة الخارجية

تقوم بها جهة مستقلة من خارج المؤسسة وقد تكون مكتب من مكاتب المحاسبة والمراجعة بالنسبة لمؤسسات القطاع الخاص والجهاز المركزي بالنسبة للقطاع العام. حيث أن الوظيفة الأساسية للمراجع الخارجي هي فحص مستندي لدفاتر وسجلات المؤسسة فحصاً فنياً دقيقاً ومحايداً للتحقق من أنها قد تمت فعلاً في إطار إجراءات سليمة وصحيحة تثبت جديتها.

إن عمل المراجع الخارجي لا يقتصر على تحقيق الهدف السابق فحسب بل يتعداه ليشمل إبداء الرأي في نظام الرقابة الداخلية أو بيان مدى تنفيذ السياسات الموضوعة للمؤسسة أو فحص لغرض خاص مثل شراء المؤسسة أو إدماج المؤسسة، والمراجعة الخارجية تقع عادة في نهاية المدة المالية، كما أنها شاملة وكاملة حيث أن المراجع يعمل دون قيد ويتطلع على ما يريد متى شاء. وهي إلزامية تفرضها القوانين إلا انها اختيارية أي تتم عن طريق عينة من كل نوع من أنواع العمليات المالية ومراجعتها دون القيام بمراجعة العمليات كلها. وختاماً فإن تقرير المراجع الخارجي يرد نتيجة المراجعة وعادة ما يكون موضع ثقة وتقدير لما يتمتع به من استقلال وحياد وعلم وخبرة ودراية وهو بالطبع مسؤول عما يتضمنه التقرير من بيانات وحقائق مالية وآراء مسؤولة على ذلك تحددها القوانين السائدة والمعمول بها.

سابعاً: المراجعة حسب الاهتمام

وهي نوعين:

1) المراجعة المالية والمحاسبية:

وهي أيضاً تنقسم إلى نوعين:

أ. المراجعة القانونية: وهي مراجعة الحسابات الإجبارية بمقتضى- القانون الـذي يلزم كل مؤسسة تجارية على تعيين محافظ الحسابات لمـدة 3 سـنوات قابلة للتجديد مرة واحدة. يقوم هذا المراجع المخول قانوناً والمسـجل في قائمة المراجعين القانونيين بتهمته التي ستنتهي بإصدار تقرير سنوي يتضمن ملاحظاتـه عـلى حسابات المؤسسـة ورأيـه الفنـي المحايـد بالمصادقة أو الرفض والتي هي حكم على سلامة وصراحة الحسابات يتم عن طريق عمليات تدل عـلى صبر الآراء. أي أن المراجعـة ليسـت شاملة لكل حسابات المؤسسة ولكل أنظمتها كون هـذه المهمـة مكلفـة، وهي خارج نطاق ما يطلب من محافظ الحسابات.

ب. المراجعة التعاقدية: وهي مراجعة يقوم بها مراجع مهني في إطار تعاقدي والفحص هو تطهيـر الحسابات أي الحصـول عـلى حسابات واقعيـة وصحيحة أي الوصول إلى ميزانية جديدة، وتعتمد هذه الطريقة في حالة وجود أخطاء

كثيرة في الميزانية تمس بمصداقيتها ولا يكون بإمكان الإطارات المالية في المؤسسة المشغولين بالمهام الروتينية بعمليات البحث والتنقيب. فتلجأ إلى طرف خارجي مختص بهذا العمل ويتطلب عدة سنوات لأنها مراجعة شاملة لمحاسبة المؤسسة ومحاولة تفسير كل الحسابات بالرجوع إلى تاريخ المؤسسة ثم اقتراح الحلول والتعديلات للوصول إلى القوائم الصحيحة.

2) المراجعة العملية:

نشأة بعد المراجعة المالية والمحاسبية يتعلق الأمر بمراجعة أنظمة وإجراءات تسير المؤسسة والحكم على مدى فعاليتها وتحقيقها ولا يتعلق الأمر بمراجعة الحسابات.

المراجعة المالية والمراجعة العلمية يتكاملان فيما بينهما بحيث أن نجاح التسيير ورشاد القرار يتعلق بجودة المعلومات المالية المعتمد عليها وفعالية وكفاءة أنظمة إجراءات التسيير.

الفصل الحادي عشر

نظرية الاستهلاك في المحاسبة

نظرية الاستهلاك في المحاسبة

تعريف الاستهلاك:

هو النقص التدريجي على مدار العمر الإنتاجي الافتراضي، أو الأصول المتناقصة القابلة للنفاذ كآبار الغاز والبترول ومناجم الفحم.

العوامل المهمة التي يجب أخذها في الاعتبار عند تحديد القيمة الاستهلاكية للأصول الثابتة.

1) العمر الإنتاجي للأصل.
2) معدل الاستهلاك.
3) طريقة الاستهلاك.
4) تكلفة الأصل.
5) القيمة التخزينية للأصل.

أسباب الاستهلاك:

1) عوامل داخلية:

والتي يزداد استعمال الأصل يزداد مقدار التناقص في حجم الإنتاج وقدرته (زيادة مقدار الاستهلاك). حيث استعمال الآلات بدلاً من وردية واحدة ينتج عنه مضاعفة الاستهلاك بسبب الاستعمال. (مثال العوامل الداخلية – مدى العناية في الصيانة، مهارة العمال).

2) التقادم:

حيث ينتج عنه تقصير الحياة الإنتاجية للأصل بسبب ظهور مخترعات جديدة تؤدي إلى أكثر اقتصادياً بالمقارنة مع الأصل القديم ما يصعب معه استمرار المنشأة في استعمال الأصل القديم والذي يصعب من الاستمرار في الإبقاء على الأصول المتقادمة الوقوف أمام المنافسين الذين يستخدمون أصولاً أكثر حداثة وتقدماً.

3) الوقت:

حيث يحدث الاستهلاك بمجرد مرور الـزمن في حالـة المبـاني الحكـر حيـث يحدد عمر الأصل لدى المنشأة بالمدة المتعاقدة عليهـا لاستعمال الأصـل أو الحيـاة الإنتاجية لها أيهما أقصر.

الأصل القابلة للاستهلاك

هو الأصل الذي يكـون مـن المتوقـع اسـتخدامه لأكـثر مـن فـترة محاسبية واحدة، وأن يكون له عمر إنتاجي مقدر، ويكون الهدف من اقتنائه إنتاج سلعة أو تقديم سلعة للغير.

القيمة القابلة للاستهلاك

هي التكلفة التاريخية للأصل القابل للاستهلاك أو ما يحل محلها في القوائم المالية مخصوماً منها القيمة المتبعية في نهاية العمر الإنتاجي للأصل.

العمر الإنتاجي:

يخضع تقدير العمر الإنتاجي للأصل القابلة للاستهلاك للتقدير الذي يستند إلى خبرة بأنواع مماثلة في تلك الأصول، ويكون مـن الصـعب تقـدير عمـر إنتـاجي لأصل يرتبط بتكنولوجيا مستحدثة في الإنتاج.

وقد يقدر العمر الإنتاجي لأصل قابل للاستهلاك في منشأة ما بمدة تقل عن عمره الفعلي ذلك لأن الاستهلاك المـادي الـذي يطـرأ عـلى الأصـل نتيجـة عوامـل التشغيل مثل برامج الصيانة وعدد الورديات وهو لـيس العامـل الوحيـد في تقـدير العمر الإنتاجي للأصل.

طرق الاستهلاك

يمكن استخلاص عدة طـرق لتوزيـع القيمـة القابلـة للاستهلاك عـلى مـدار الفترات المحاسبية للعمر الإنتاجي للأصل منها:

أ) طريقة القسط الثابت للاستهلاك.

ب) طريقة مجموع أرقام السنين.

ج) طريقة القسط المتناقص بالأرصدة المضاعفة.

مثال ذلك:

كان هناك شراء بمبلغ 5200 دينار لأصل في تاريخ 1/1/ 2003، وقدر عمره الإنتاجي بـ(4) سنوات، وكانت القيمة المتبقية كخردة والتي قدرت بمبلغ 4000 دينار، والمطلوب استخراج قسط الاستهلاك حسب طريقة القسط الثابت، وطريقة مجموع أرقام السنين وطريقة الرصيد المتناقص للاستهلاك مع عمل كشف يبين مقارنة النتائج التي تم التوصل إليها كما يلي:

الحـــــل:

- طريقة القسط الثابت.

- طريقة القسط الثابت للاستهلاك = $\frac{\text{التكلفة التاريخية - قيمته كخردة}}{\text{عمره الإنتاجي المقدر}}$

$$= \frac{52000 - 4000}{4 \text{ سنوات}} = \frac{48000}{4} = 12000 \text{ دينار}$$

ويمكن إيضاحها كما في الجدول التالي:

السنة	الإيضاحات	قسط الاستهلاك السنوي	مجمع الاستهلاك	القيمة الدفترية
2003/1/1	القيمة الدفترية للأصل	ــــ	ــــ	52000
2003 /12 /31	= %25×48000	12000	12000	400000
2004 /12/31	= %25×48000	12000	24000	28000
2005 /12/31	= %25×4800	12000	36000	16000
2006 /12 /31	= %25×4800	12000	48000	4000
	المجموع الكلي للاستهلاك	48000		

طريقة مجموع أرقام السنين للاستهلاك

- جمع عدد السنوات 1 + 2 + 3 + 4 = 10 مجموع أرقام السنوات.
- استخراج المبلغ الخاضع للاستهلاك 52000 - 4000 = 48000 دينار.
- احتساب نسبة الاستهلاك لكل سنة.

السنة الأولى = 4/ 10 السنة الثالثة = 2 / 10

السنة الثانية = 3/ 10 السنة الرابعة = 1 / 10

ويمكن إيضاحها في الجدول التالي:

السنة	أرقام السنين	الإيضاحات	الاستهلاك
1	10 / 4	= 10/ 4 × 48000	19200
2	10 /3	= 10 / 3 × 48000	14400
3	10 / 2	= 10 / 2 × 48000	9600
4	10 / 1	= 10 / 1 × 48000	4800
			48000 مجموع الاستهلاك

طريقة الرصيد المتناقص المضاعف للاستهلاك

- مضاعف النسبة للاستهلاك كانت 25% لتصبح 50%.
- اعتماد قيمة الآلة بدون خصم الخردة المتبقية.
- ضرب معدل الاستهلاك 50 % في القيمة الدفترية للأصل في بداية السنة.

ويمكن إيضاحها في الجدول التالي:

السنة	تكلفة الأصل	الاستهلاك المجمع 71	القيمة الدفترية 1/1	نسبة الاستهلاك	مصروف الاستهلاك
1	52000	0	52000	%50	26000
2	52000	26000	26000	%50	13000
3	52000	39000	13000	%50	65000
4	52000	45500	6500	%50	3250

محاسبة الاستهلاك

يجب توزيع القيمة القابلة للاستهلاك للأصل بطريقة منتظمة على كل فترة محاسبة خلال العمر الانتاجي للأصل. ويجب عند تحديد العمر الإنتاجي للأصل القابلة للاستهلاك يجب أن تؤخذ في الاعتبار العوامل التالية:

- التقادم الفني.
- الاستهلاك المادي.
- القيود القانونية.

كذلك يجب الاستمرار في تطبيق طريقة الاستهلاك التي تم اختيارها من فترة إلى أخرى دون تغيير ما لم تحدث ظروف تستدعي تغييرها.

كذلك يجب إعادة النظر بصفة دورية في الأعمار الإنتاجية المقدرة للأصول أو لمجموعات الأصول الرئيسية القابلة للاستهلاك. ويجب الإفصاح عن أسس التقويم التي استخدمت في تحديد قيم الأصول القابلة للاستهلاك ضمن الإيضاحات الأخرى المتعلقة بالسياسات المحاسبية، ويجب الإفصاح عما يلي بالنسبة لكل مجموعة رئيسية من الأصول القابلة للاستهلاك من خلال:

- طرق الاستهلاك المتبعة.
- الأعمار الإنتاجية أو معدلات الاستهلاك المستخدمة.
- قيمة لاستهلاك المحصل في فترة محاسبية.
- القيمة الإجمالية للأصول القابلة للاستهلاك.

مثال ذلك:

في تاريخ 1 / 1 / 2004 استبدلت منشأة أثاثاً موجوداً لديها منذ (6) سنوات تكلفته 100000 دينار، ويستهلك بمعدل10% سنوياً، بأثاث آخر جديد تكلفة 50000دينار، 35000 دينار، المطلوب تسجيل القيود المتعلقة بعملية الاستبدال في الحالتين وقيود الاستهلاك.

الحــــل:

- تكلفة الإنتاج التاريخية = 100000 دينار.
- معدل الاستهلاك = 10 % سنوياً.
- المدة = 6 سنوات (من 1 /1 / 1998 – 31 /12 / 2003)

■ الحالة الأولى: 1 /1 / 2004 ←——— 50000 دينار.

من مذكورين

60000 حـ / مخصص استهلاك الأصل القديم
(100000 × 10 % 6 سنوات)
40000 حـ / الأثاث الجديد (100000 - 60000) =
(40000 حصلت على أصل جديد)
100000 إلى حـ / الأثاث القديم
(قيمته 50000 يعني ربح 10000 دينار)

في نهاية عام 2004 قيود الاستهلاك

4000 من حـ / استهلاك الأثاث الجديد (40000 × 10 %)
4000 إلى حـ / مخصص استهلاك الأثاث الجديد
400 من حـ / أ ، خ
4000 إلى حـ / استهلاك الأثاث الجديد

■ الحالة الثانية: 1 / 1 / 2004 ←——— 3500 دينار

من مذكورين

60000 حـ / مخصص استهلاك الأثاث القديم
35000 حـ / الأثاث الجديد
5000 حـ / الخسائر الرأسمالية

100000 إلى حـ/ الأثاث القديم

5000 من حـ/ أ. خ غير عادية

5000 إلى حـ / الخسائر الرأسمالية

في نهاية عام 2000 قيود الاستهلاك

3500 من حـ / استهلاك الأثاث الجديد (35000 × 10 %)

3500 إلى حـ / مخصص الاستهلاك للأثاث الجديد

3500 من حـ / أ، خ

3500 إلى حـ / استهلاك الأثاث الجديد

مثـــال:

هناك بعض الأرصدة في دفاتر إحدى الشركات المساهمة كما يلي:

15000	الآلات	4500	نقدية
8500	أراضي ومباني	5400	مخصص استهلاك الآلات
3500	أثاث	510	مخصص استهلاك الأراضي والمباني
2500	عملاء – مدينون	1050	مخصص استهلاك الأثاث
3000	بضاعة آخر المدة	3150	دائنون
20000	رأس المال	5790	الأرباح
20000	احتياطي رأسمالي		

من خلال مراجعة الأرصدة السابقة تبين أن المحاسب السابق ارتكب خطأ من خلال تكوين مخصص استهلاك الأراضي بواقع 2 % سنوياً ولمدة (3) سنوات سابقة، فإذا علمت أنه:

- تم شراء جميع الأصول الثابتة بتاريخ 1 / 1 / 1996

145

- وفي تاريخ 1 / 7/ 1999 تم بيع جزء من الأثاث تكلفته 1500 دينـار بمبلـغ 1200 دينار نقداً.
- وفي تاريخ 1 / 7/ 1999 دفعت الشركة نفقات تحسـين عـلى الآلات قـدرها 1400 ينار نقداً مما أدى إلى زيادة طاقتها الإنتاجية.
- وسجلت السجلات المحاسبية للشركة وتبين من مراجعة الزبـائن والـدائنين ومن خلال القيام بعمليات الجرد الأرصدة التالية في نهاية 1999:

4500	الذمم المدنية
460	الدائنون
6300	النقدية
1000	المسحوبات

وبلغت تكلفة بضاعة آخر المدة 2200 دينـار بيـنما كـان سـعرها في السـوق 2000 دينار.

المطلـوب:

- إثبات القيود المتعلقة بالعمليات السابقة.
- تحديد نتيجة النشاط من ربح أو خسارة.
- إعداد الميزانية العموميـة بتـاريخ 31/ 12/ 1999 علـماً بـأن المبـاني تسـتهلك بواقع 2% والآلات والأثاث بواقع 10 % سنوياً.

- مع العلم أن تكلفة الأراضي 2500 دينار

الحـــــل:

- استهلاك الأراضي = 2500 × 2 % × 3 سنوات = 150 دينار

القيـــد:

510 من حـ / مخصص استهلاك الأراضي والمباني.

إلى مذكورين

150 حـ / مخصص الاستهلاك للأراضي.

360 حـ / مخصص الاستهلاك للمباني.

150 من حـ / مخصص استهلاك الأراضي

150 إلى حـ / أ ، خ

- الأثـاث: (1 / 1 / 1996 – 1 / 7 / 1999) – 3,5 سنة
  75 من حـ / استهلاك الأثاث المباع.
  75 إلى حـ / مخصص استهلاك الأثاث.
  (1500 × 10% × 6 / 12)

والنتيجة أن مخصص استهلاك الأثاث المباع= 1500 × 10 % × 3,5 = 252 دينار

القيـــد:

من مذكورين

1200 حـ / النقدية

252 حـ / مخصص استهلاك الأثاث

إلى مذكورين

1500 حـ / الأثاث

225 حـ / أرباح رأسمالية

225 من حـ / أرباح رأسمالية

225 إلى حـ / أ، خ غير عادية

- استهلاك الأثاث غير المباع = (3500 - 1500) = 2000 دينار

200 من حـ / استهلاك الأثاث

200 إلى حـ / مخصص استهلاك الأثاث

200 من حـ / أ، خ

200 إلى حـ / استهلاك الأثاث

منه حـ / مخصص استهلاك له

- الأثاث

252	إلى مذكورين	1050	رصيد
800	يدخل للميزانية	75	من ح/ استهلاك الأثاث 1/7/ 1999
		200	من ح/ استهلك الأثاث 31/ 12/ 1999
1325		1325	

منه ح/ مخصص استهلك الأراضي والمباني له

510	إلى مذكورين	510	رصيد
510		510	

منه ح/ مخصص استهلاك المباني

480	الميزانية	360	رصيد
		120	من ح/ استهلاك المباني
480		480	

الأثـــاث :

1400 ن ح / الأثاث

1400 إلى ح/ النقدية

15000 + 14000 = 16400 تظهر في الميزانية (الآلات)

- تم شراؤها في 1/ 1/ 1996
- 10 % سنوياً أي أن عمرها الإنتاجي هو (10) سنوات.
- صافي قيمة الأصل = 15000 - 5400 = 10500 دينار
- القيمة الواجب توزيعها على ما تبقى من سنوات عمرها الإنتاجي = 10500 + 1400 = 11900 دينار

قسط الاستهلاك السنوي = 11900 / 7 = 1700 دينار

القيـد :

1700 من حـ / استهلاك الآلات.

1700 إلى حد / مخصص استهلاك الآلات

1700 من حـ / أ، خ

1700 إلى حـ / استهلاك الآلات

- مخصص استهلاك المباني = 480 (6000 × 2 % × 4 سنوات)
- حقوق أصحاب المشروع في 31 / 12/ 1999 = الأصول + الخصوم

الأصـــول:

■ الأراضي.	2500
■ المباني	6000

(-) مخصص استهلاك المباني 480

صافـي المباني 5520

● الآلات (15000 + 14000) = 16400

(-) مخصص استهلاك الآلات

(4500 + 1700) = 6200

صافي الآلات 10200

● الأثاث : 2000

(-) مخصص استهلاك الأثاث 800

● بضاعة آخر المدة 2200

(-) مخصص هبوط أسعار المخزون 200

2000

● الذمم المدنية 4500

النقدية 6300

الخصـــوم:

● الدائنون 4650

● حقوق أصحاب المشروع = (32220 - 27570) = 4650

● نتيجة النشاط = حقوق أصحاب المشروع في 31 / 12 / 1999

= 27570 – (20000 + 2000 + 5940 + 1000) = - 630 دينار

الفصل الثاني عشر

نظـــرية المحاسبة عن التضخـــم

نظرية المحاسبة عن التضخم

تمهيد

تعتبر عمليات التقلبات في المستويات العامة للأسعار سواء بالزيادة أو النقصان ليست حديثة النشأ، حيث كانت قد ظهرت منذ ظهور النقود. وهناك حدث أزمة اقتصادية أثرت على الرأسمالية في فترة الثلاثينات من هذا القرن، ونجم عنه ركود اقتصادي ساعد على انخفاض قيمة النقود وأدت بالتالي إلى تذبذب الأسعار.

العوامل التي تميز طبيعة مشكلة التضخم

1) التطور الفكري الذي طرأ على المحاسبة بشأن التأصيل العلمي وإرساء الأسس الفلسفية للبناء الفكري للنظرية المحاسبية.
2) الاتجاهات المعاصرة لتطبيق سياسات اقتصادية جديدة على المستوى الدولي.
3) الارتفاع المستمر في المستويات العامة للأسعار لمختلف السلع والخدمات.
4) عدم إمكانية التسليم المطلق بالقياس المحاسبي للأصول وخاصةً طويلة الأجل على أساس التكلفة التاريخية.

عملية التغير في الأسعار

ينتج من عملية التغير في الأسعار وجود مسألتين هما:

1) الضرورة القصوى لتعديل القياس المحاسبي للتغيير في المستوى العام للأسعار نتيجة تذبذب القوة الشرائية للنقود كوحدة قياسية محاسبية.
2) الضرورة لاعتماد قيم جديدة للمعلومات المحاسبية طبقاً للتغيرات التي تطرأ على العلاقات النسبية لأسعار السلع والخدمات.

آثار التغير في الأسعار وأثره على القياس المحاسبي:

1) يترتب على الأصول والثابتة انخفاض حجم المصاريف بسبب تدني أقساط أهتلاك الأصول الثابتة وتكاليف المواد الخام الصادرة من المخازن إلى أقسام الإنتاجية.

2) يعتبر إظهار الأرباح الوهمية سوف يؤدي إلى سداد ضرائب عـن أربـاح لم تتحقق أصلاً.

3) أن التوزيعات لتي تم الإشارة إليها أعلاه تؤدي إلى استنفاذ وتقليص لجزء مـن رأس المال.

4) أن انخفاض المصاريف مع بقاء الإيرادات على حالها دون تغير يؤدي حـتماً إلى إظهار أرباح وهمية غير حقيقة.

مثال على آثار القياس المحاسبي

هناك سجلات لإحدى الشركات التجارية كما يلي:

- المبيعات الإجمالية السنوية 3025000

- بضاعة أول المدة حسب الطريقة

FIFO	300 000
LIFO	150 000

- إجمالي المشتريات خلال السنة 2290000

- مخزون آخر المدة حسب طريقة:

FIFO	450 000
LIFO	150 000

- مردودات المبيعات السنوية	25000
- مردودات المشتريات لسنوية	3000
- مصاريف الشراء السنوية	15000
- المصاريف الإدارية والعمومية	150000
- الإهلاك السنوي	150000

المطلـوب:

قياس صافي الأرباح السنوية لكلى الطريقتين FIFO، LIFO إذا علمت بأن:

- نسبة ضريبة الدخل السنوي 30 % من صافي الربح المحسوب وفق طريقة FIFO.

- ثم توزيع نسبة 70% من الأرباح الصافية بعد الضرائب المحسوبة وفق طريقة FIFO.

الحـــــل:

البيان	طريقة FIFO	طريقة LIFO
إجمالي المبيعات السنوية	3025000	3025000
-مردودات المبيعات السنوية	2500 -	25000 -
= صافي المبيعات السنوية	300000 =	3000000
مخزون أول المدة	300000	150000
+ إجمالي المشتريات خلال المدة	2290000 +	2290000 +
+ مصاريف الشراء	15000 +	15000 +
-مردودات المشتريات السنوية	3000 -	30000-
= إجمالي البضاعة المتاحة للبيع	2575000 =	2425000 =
- مخزون آخر المدة	450000-	150000 -
= تكلفة البضاعة المباعة	2125000 =	2275000 =
= محمل الربح السنوي	875000 =	725000 =
- المصاريف الإدارية والعمومية السنوية	150000 -	150000-
- مصاريف إهلاك الأصول السنوية	150000 -	1500000 -
= صافي الربح قبل الضريبة	575000 =	425000 =
- ضريبة الدخل السنوية بنسبة 30 %	172500 -	172500 -
= صافي الأرباح المعدة للتوزيع	402500 =	252500 =
- الأرباح الموزعة بنسبة 70%	281750 -	281750 -
- الأرباح المحجوزة والمعدة للتراكم	120750 =	(29250) =

خلاصة الحـــــل:

			الفرق (+) أو (-)
مخزون أول المدة	300000	150000	15000 -
مخزون آخر المدة	450000	150000	30000 -
مجمل الربح	875000	725000	150000 -
صافي الربح قبل الضريبة	575000	425000	150000 -
ضريبة الدخل	172500	172500	لا يوجد
صافي الربح بعد الضريبة	402500	252500	150000 -
الأرباح الموزعة	281750	28751	لا يوجد
الأرباح المحجوزة	120750	(29250)	150000

مفهوم محاسبة التضخم:

هي الفرق في القيمة الحقيقة لموارد تلك الوحدة ما بـين نهايـة وبدايـة أي فترة مالية، وأن عدم ثبات قيمة وحدة النقد سوف تؤثر حتماً على ارتفـاع الأسـعار مما يؤدي إلى قياس معدل التضخم.

طريقة التكلفة التاريخية المعدلة

حيث يتم تعديل أرقام التكلفة التاريخية من خلال اسـتخدام أداة الأرقـام القياسية للتغيرات في الأسعار، ويوجد عدة انواع من الأرقام القياسية منها:

- الرقم القياسي لأسعار المستهلك.

- الرقم القياسي لأسعار الجملة.

- الرقم القياسي للأسعار المرتبطة بمعدل التغير الذي يحدث في إجمالي النـاتج القومي.

مشاكل تطبيق طريقة التكلفة التاريخية المعدلة

1. يؤدي الانكماش إلى نتائج عكسية كما لاحظنا في حالة التضخم.

2. أسلوب معالجة المكاسب والخسائر لتذبذبات القوة الشرائية لوحدة النقـد الناجمة عن حيازة البنود النقدية.

3. يؤدي التضخم إلى تحقيق خسائر للأصول النقدية.

4. ظهور مشكلة متمثلة بمدى صلاحية توزيع الأرباح المتحققة.

كيفية استعمال تعديل التكلفة التاريخية

يتم دراسة مستويات التضخم أو الانكماش لوصـول إلى معـدلات محـددة تحسب قيمة الأصول غير النقدية على أساسها.

مثال ذلك:

أن قيمـة المبـاني لـدى إحـدى الشـركات الاقتصـادية تمثـل 250000 دينـار ومعدل التضخم السنوي بلغ 20%.

250000 × 25% = 50000 دينار ويجري بها قيد لأغـراض أعـداد الميزانيـة المعدلة كما يلي:

50000 من ح / المباني

50000 إلى ح/ احتياطي تذبذب المستوى العام للأسعار.

وبذلك تصبح القيمة الجديدة للمباني هي:

250000 + 50000 = 300000 دينار

طريقة التكلفة الجارية

تعتمد هـذا الطريقـة للقيـاس عـلى أسـاس أسـعار السـوق أو صـافي القيمـة البيعية القابلة للتحقق أو تكلفة الإحلال. وتعتمد هذه الطريقة على الرقم القياسي الخاص للأسعار لكن التعديل وفق طريقة التكلفة التاريخيـة المعـدل ينصب عـلى وحدة القياس مع المحافظة على أساس القياس التاريخي.

أسس قياس طريقة التكلفة الجارية

- القيمة السوقية.

- صافي القيمة البيعية القابلة للتحقق.

- القيمة الاستبدالية.

- تكلفة الإحلال.

مميزات طريقة التكلفة الجارية

1. تستخدم كأداة لتقدير التدفقات النقدية المستقبلية.
2. تعتبر طريقة حديثة للقياس المحاسبي.
3. تمثل وسيلة للحفاظ على رأس المال.
4. تأخذ التغيرات الجارية التي تطرأ على كافة بنود قائمة الدخل.
5. يقاس الدخل على مرحلة الصافي لدخل العمليات الجارية والدخل الناجم عن حيازة البنود غير النقدية.

مثال على التكلفة التاريخية والجارية

قامت شركة النجمة وأولاده بشراء قطع غيار سيارات لادا بمبلغ 175000 دينار وذلك في بداية عام 2004م، ونظراً لغزو السيارات الكورية في السوق الأردني مما حال دون إمكانية تصريف تلك البضاعة إلا في نهاية عام 2006م، إذ تبعت تلك البضاعة بمبلغ 225000 دينار، علماً بأن بيانات التكلفة الجارية لتلك المخزونات خلال السنوات الثلاث كانت:

- في تاريخ 31 /12/ 2004 بلغت التكلفة الجارية 190000.
- في تاريخ 31 /12/ 2005 بلغت التكلفة الجارية 200000.
- في تاريخ 31 /12/ 2006 بلغت التكلفة الجارية 215000.

المطلـوب:

تحديد صافي دخل الشركة خلال السنوات الثلاث وفقاً لطريقتي:

- التكلفة التاريخية
- التكلفة الجارية .

الحـــــل:

أ) تحديد صافي الدخل وفقاً لطريقة التكلفة التاريخية

البيان	2004	2005	2006
الإيرادات	صفر	صفر	225000
- تكلفة المبيعات (تاريخية)	صفر	صفر	175000
= صافي الدخل (تاريخية)	صفر	صفر	50000

ب) تحديد صافي الدخل وفقاً لطريقة التكلفة الجارية:

البيان	2004	2005	2006
الإيرادات	صفر	صفر	225000
تكلفة المبيعات (جارية)	صفر	صفر	215000
صافي الدخل (جارية)	صفر	صفر	10000
مكاسب حيازة محققة	صفر	صفر	40000
مكاسب حيازة غير محققة	15000	10000	(25000)
إجمالي مكاسب الحيازة	15000	10000	15000 -
مجموع صافي الدخل (جارية)	15000	10000	25000 =

الفصل الثالث عشر

نظرية الإفصاح عن المعلومات المحاسبية

نظرية الإفصاح عن المعلومات المحاسبية

مفهوم الإفصاح المناسب

هي إفصاح المعلومات الضرورية الكفيلة بجعلها غير مضللة والتي يجب على التقارير المحاسبية أن تفصح عن جميع المعلومات. أو عرض المعلومات في القوائم المالية وفقاً لمبادئ المحاسبة المتعارف عليها والتي تقضي- بتوفير عنصر- الإفصاح المناسب في هذه القوائم.

المقومات الأساسية للإفصاح عن المعلومات المحاسبية:

1) تحديد المستخدم المستهدف للمعلومات المحاسبية، كذلك منها ما يستخدم بصورة مباشرة أو غير مباشرة مثل مستخدمي المعلومات المحاسبية (المحللون) الموظفون.
2) تحديد الأغراض التي يستخدم فيها المعلومات المحاسبية، وهنا يجب ربط هذا العنصر- بمعيار أو خاصية الملاءمة، ويقول Shwyder أن خاصية ملاءمة المعلومات تعتبر معلومة ملائمة لمستخدم معين إذا كان من المتوقع لهذا المستخدم الاستفادة من تلك المعلومة في غرض معين.
3) تحديد طبيعة ونوع المعلومات المحاسبية التي يجب الإفصاح عنها، ويتمثل هذا التحديد في الإفصاح عن البيانات المالية المحتواة في القوائم مثل المركز المالي وقائمة الدخل والأرباح المحتجزة. وتعد القوائم المالية في واقع الأمر بموجب مجموعة من الأعراف والمبادئ التي تدخل في نطاق المتعارف عليه بين المهنين بالمبادئ أو الأصول المحاسبية المتعارف عليها.
4) تحديد أساليب وطرق الإفصاح عن المعلومات المحاسبية، والتي تترك أثاراً مختلفة على متخذي القرارات ممن يستخدمون تلك المعلومات، وهنا يتم الإفصاح المناسب أن يتم عرض المعلومات فيها يسهل منهما وترتيب وتنظيم المعلومات بصورة منطقية تركز على الأمور الجوهرية.

قواعد الإفصاح عن المعلومات

1) الإفصاح عـن السياسـات المحاسـبية ـ وهـي المبـادئ والأعـراف والقواعـد والإجراءات التي تتبعها الإدارة في إعداد البيانات المالية، ولا بـد مـن أن تختـار الإدارة من بين هـذه البدائـل السياسية الفضـلى التي تعـرض وضعهـا المـالي. ويجب على الإدارة مراعاة ما يلي:

أ. الحيطة والحذر في قياس نتائج العمليات لدى إعداد البيانات المالية.

ب.مضمون الأحداث والعمليات المالية يجب مراعاتها.

ج. مراعاة الأهمية النسبية.

2) يجب الإفصاح عـن المعلومـات في البيانـات الماليـة، والتـي تشـمل الميزانيـة العمومية وبيان الـدخل والملاحظات عـلى البيانـات الأخـرى، وتصنـف هـذه المعلومات إلى ما يلي:

أ. قواعـد خاصـة بالإفصاح العـام عـن معلومـات لأسـم الشركـة، مكـان تسـجيلها تـاريخ الميزانيـة العموميـة، الفتـرة المحاسـبية التـي تغطيهـا البيانات المالية.

ب.قواعـد خاصـة الإفصاح في الميزانيـة العموميـة لقواعـد الإفصاح عـن الأصول طويلة الأجـل والصـول المتداولة والمطلوبـات طويلـة الأجـل والمطلوبات قصيرة الأجل وحقوق المساهمين، وقائمة الدخل.

3) الإفصاح المطلوب توفيره وفقاً لمعايير المحاسبة الدولية، بالنسبة لبيان التغير في المركز المالي، يجب الإفصاح عن مصادر واستخدامات الأموال من العمليات بصورة منفصلة عن المصادر، والعناصر غير العادية. أما بالنسبة لقائمة الدخل يجب الإفصاح عن الـدخل النـاتج مـن العمليـات العاديـة للمؤسسـة بصـورة منفصلة عن الدخل الناتج من بنود غير عادية.

وقيمة الأثر المتراكم للتغير في سياسات محاسبية، وقيمـة الـوفر الضريبي الناشئ عن خسارة تشغيلية.

أما في الميزانية يجب أن تكون في العقود الإنشاءات قيمة الإنشاءات وقيد الإنجاز، والتأمينات المدفوعة على حساب العقود، وإجمالي الاستثمار بعقد الإيجار

التمويلي بدفاتر المؤجر، والقيمة السوقية للاستثمارات المتداولة، أما بالنسبة للحسابات فتكون الالتزامات الطارئة وطبيعة هذه الالتزامات والشروط التي يتوقف عليها تحقق هذه الالتزامات، والأحداث اللاحقة لتاريخ الميزانية، والسياسة المحاسبية المتبعة في تخصص إيرادات العقد وأسعار التحويل الداخلي في المؤسسات، وأية قيود مالية تفرضها عقود الإيجار طويلة الأجل، والسياسة المحاسبية المتبعة للمنح الحكومية وأسماء ووصف الشركات المجموعة وطريقة المحاسبة المتبعة في المحاسبة المتبعة في المحاسبة عن الاستثمارات عن الشركة التابعة، وقيمة نفقة الافتراض التي تم رسمها في البيانات المالية للشركات التي تتبع سياسة رسملة النفقات الافتراض.

الإفصاح عن المعلومات ومستوى الدمج في البيانات المحاسبية:

يجب أن تكون التقارير المالية المنشورة أن تكون مفصلاً إلى أبعد الحدود، وهذا الأمر يصعب تحقيقه في الواقع العملي وذلك في ظل الاعتبارات الكثيرة التي تفرض على المحاسب. ومن هنا يضطر المحاسب عند إعداد التقرير المالي المنشور أن يراعي الموازنة بين اعتبارين:

1) توفير الإفصاح المناسب في التقرير وهذا لصالح الفئات التي تستخدمه في اتخاذ القرارات.

2) تخفيض تكلفة إعداد ونشر هذا التقرير إلى أدنى حد ممكن، وهذا لصالح المشروع.

مفهوم عملية الدمج

هو مبدأ عام يتبعه المحاسب في إعداد جميع أنواع تقاريره المالية المنشورة وغير المنشورة، إلا أن هذا الأسلوب يكتسب أهمية خاصة في إعداد التقارير المالية المنشورة وذلك نظراً للآثار التي يرتبها على القيمة الإعلامية لهذه التقارير.

أشكال عملية الدمج في البيانات المحاسبية:

1) التلخيص أو الضم إذ تضم المفردات المكونة لبند معين في رقم واحد يعبر هـذا الرقم عن القيمة الإجمالية لهذا البند، مثل ضم مفردات المبيعـات الشهرية للمشـروع معـاً لتكـون حصـيلة الضـم القيمـة الإجماليـة للمبيعـات السـنوية للمشروع.

2) الإتحاد والتي يدمج بنود مختلفة لكـن طبيعتهـا واحـدة في رقـم واحـد يمثل القيمة الإجمالية لبـاب معـين أو مجموعـة معينـة مثـل دمـج بنـود النقديـة والمخزون السلعي في رقم واحد.

الأساليب التقليدية للدمج في البيانات المحاسبية:

1) مؤشر القيمة النسبية للبند وتقييم الأهمية النسبية لبنـود التقريـر المـالي عـلى ضوء مقارنة قيمة كل منها بقيمة بند آخر مـن بنـود رئيسـية فيـه مثـل صـافي الربح والمبيعات.

2) مؤشر التغير النسبي الحادث في قيمة البند على مدار فترة زمنية معينة هـي في العادة سنة مالية، وبموجبه تقيم الأهمية النسبية لبنود التقرير المالي على أساس التغير النسبي للحادث في قيمته في الفترة المالية الجارية بعد مقارنتها بقيمته في الفترة المالية السابقة.

إن الأهميـة النسـبية لتقريـر تكـون مسـألة تخضـع بالضـرورة لتقديـرات المهنيين المتخصصين، ومتى كانت معرفة هذا البند مـن قبـل المسـتخدمين للتقريـر المالي تـؤثر في قراراتهم الاقتصادية المبنيـة عـلى هـذا التقريـر، ولا تقـيم الأهميـة النسبية للبند في ضوء قيمته المطلقة فحسـب بـل توجـد مجموعـة مـن العوامـل الأخرى التي يجب أخذها في الاعتبار هي:

1. طبيعة البند، هل هو عنصر هام في تحديد قيمة صافي الربح أو هل هو غير عـادي، وهل يمكن قياسه قياساً موضوعياً، وهل يشترط الإفصاح عنه بموجب قوانين.

2. قيمة البند، تمثل القيمة الإجمالية للباب الذي ينتمي إليه البند، وقيد بند معين ذو أهمية مثل صافي الربح أو المبيعات.
3. خسارة المعلومات المترتبة على دمج بنود التقرير المالي، حيث يترتب على أي عملية دمج تحدث في بنود التقرير المالي، وأياً كان المستوى الذي تتوقف عنده خسارة معلومات من وجهة نظر قارئ هذا التقرير وتعادل قيمة الدمج وقيمته من الناحية النظرية.
4. نقطة القطع بالنسبة للمحاسب المعيار الذي يسترشد به في تنفيذ عملية الدمج والذي بالمقارنة به تقيم عملية الدمج من حيث النوع فتوصف بأنها جيدة ومقبولة أو غير مقبولة.

يمكن أن تختلف قيم نقاط القطع باختلاف طبيعة أنشطة المشروعات الاقتصادية، وهنا يجب توفر شرطين مهمان وهما:

1) أن تكون معلنة وهذا يتطلب إفصاحاً عنها في التقرير المالي بالنص عليها صراحة في الملاحظات المرفقة بالتقرير المالي جنباً إلى جنب مع قيمة خسارة المعلومات الفعلية التي ترتبت على الدمج.
2) أن تكون مقبولة قبولاً عاماً سواءً من قبل واضعي التقرير المالي، أو من قبل مستخدمي هذا التقرير.

القواعد العلمية لعملية الدمج

أ. تجميع البيانات : حيث يستفاد منه في تحديد المستوى العام للدمج، والضرورة هذا ويقتضي باستمرار عملية الدمج إلى حد الذي لا تظهر عنده الحاجة لإعادة تفصيلها مرة أخرى.

ب. التكلفة المعقولة: وتقضي بمراعات الموازنة عند تنفيذ عملية الدمج بين اعتبارين أحدهما هو تكلفة الدمج، فمثلاً بالوفورات المحققة في تكلفة

الإعداد للتقرير المالية، وتكلفة الدمج فمثلاً في تحيز الدمج أو خسارة المعلومات المترتبة عليه.

ج. الاحتساب: والمستمدة من خواص الحقل الرياضي للأعداد الحقيقية الموجبة، وأهم خواص هذه العملية توفر الخاصية للمحاسب في تنفيذ الدمج بمرونة عالية يختار مستوى التجميع المناسب من بين عدة بدائل متاحة.

د. التأكد من المحاسب في تنفيذ العملية الدمجية من كونها منطقية وهي على درجة من الأهمية في تحديد إطار عملية الدمج حين جعلها محصورة بدمج البنود المتماثلة، والتي تأخذ شكل الضم أو دمج البنود ذات الطبيعة الواحدة.

ه. القبول والسماح لعملية الدمج وهي مهمة في تقييم الجدوى الاقتصادية لعملية الدمج، إذ بموجبها يحدد مستوى التجميع المناسب والذي يحدد النقطة التي يجب أن تتوقف عندها عملية الدمج.

و. الاسترشاد للمحاسب بعملية تنفيذ عملية الدمج بمفهوم الأهمية النسبية المبنية على مفهوم خسارة المعلومات.

ويجب على المحاسب في استرشاد مفهوم خسارة المعلومات المترتبة على الدمج أن تكون قد دمجت بين بندين أو أكثر في رقم واحد، وتزداد كلما كانت قيم البنود المجمعة متقاربة.

أساليب قياس خسارة المعلومات المترتبة على الدمج

1) أسلوب الدالة اللوغرتيمية : والتي تقوم على استخدام الدالة اللوغرتمية للمعلومات، وهي وسيلة لتحسين فعالية الاتصالات اللاسلكية عن طريق استخدامها كمقياس للمحتوى الإعلامي للبرقية. ومن هذه الدالة تصاغ كما يلي:

2) ق م = ح لوح = - ح لوح

ولكن بعد تطويرها للاستخدام في قياس المستوى الإعلامي للتقرير المالي تتخذ الصيغة التالية:

وذلك من حيث: ق م = $\sum_{ر = 1}^{ن}$ كِ . لوكِ

ق م = قيمة المعلومات المحتواة في التقرير المالي.

كٍ = القيمة النسبية للبند محل الدمج.

ر = ترتيب البند في التقرير حيث سٍ = (1 ، 2 ، 3 ، 000)

ن = عدد بنود التقرير المالي.

وهنالك عوامل تتوقف عليها قيمة خسارة معلومات الدمج المحددة، بموجب أسلوب الدالة اللوغراتيمية على شكل عوامل منها:

1. قيمة البند المجمعة والعلاقة الطردية التي تزداد قيمة الخسارة تبعاً لازدياد هذه القيمة والعكس صحيح.
2. عدد البنود المجمعة والعلاقة طردية- إذ كلما زاد عدد البنود المجمعة زادت قيمة خسارة المعلومات والعكس صحيح.
3. مدى التفاوت القائم بين قيمة البند محل الدمج والبنود الأخرى التي سيدمج معها، والعلاقة هنا عكسية.

2) أسلوب دليل الأهمية النسبية: والتي يستخدم في قياس قيمة خسارة المعلومات التقرير المالي المقارن وتقوم على أن القيمة للبند وتغير الحادث على مدار الفترة الزمنية للتقرير المقارن، على أهميته النسبية، حيث لا بد من ترجيح قيمته النسبية بمعدل التغير الحادث فيها ذلك عن طريق ضربهما معاً ليكون حاصل الضرب

الناتج دليلاً لأهميته النسبية ويمكن أن تحدد القيمة الإعلامية للتقرير المالي المقارن بموجب هذا الأسلوب بالمعادلة التالية:

$$\text{ق م} = \sum_{\text{ر} = 1}^{\text{ن}} \text{كِ . لوكِ}$$

وذلك حيث:

ق$_{2}$ = قيمته المعلومات المحتواة في التقرير المالي.

س$_{2}$ = القيمة النسبية للبند محل الدمج في نهاية الفترة المالية الثانية للتقرير المالي.

ن = عدد بنود التقرير المالي.

ر = ترتيب البند محل الدمج حيث ر = (1 ، 2، 3 ، ... ن)

وهناك عوامل مهمة يتبين لنا أن خسارة المعلومات للدمج للتقرير المالي المقارن بموجب هذا الأسلوب يتوقف على عاملين هما:

1) القيمة النسبية للبند أو البنود محل الدمج، إذ يزيد قيمة خسارة معلومات الدمج بزيادة القيمة النسبية للبند مجل الدمج والعكس بالعكس.
2) معدل التغير الحادث في القيمة النسبية للبند على مدار الفترة الزمنية للتقرير المالي المقارن والتي تكون عادة سنة مالية.

مستويات الدمج المناسب في كل ميزانية

1) التحقق من توفر الخواص العلمية لعملية الدمج.
2) قياس خسارة المعلومات.
3) تحديد مستوى الدمج المناسب.
4) تحديد القيم النسبية لبنود قائمة الدخل.
5) التغير النسبي الحادث في تقييم بنود قائمة الدخل.
6) تقسم الأهمية النسبة لبنود قائمة الدخل.

الفصل الرابع عشر
نظريـــة تغيير الأسعـــــار

نظرية تغير الأسعار

الطريقة المحاسبية التي تغير الأسعار

1) التسوية المتعلقة بتكلفة المبيعات.

2) التسوية المتعلقة بالمفردات النقدية.

3) التسوية المتعلقة باستهلاك العقارات والآلات والقيم المعدلة لها.

4) التسوية المتعلقة عن الإفصاح عن أية مفردات أخرى تعكس آثار تغير مـع وصف المعلومات المحددة.

المحاسبة وتغيرات مستوى الأسعار

تعتبر القوى الشرائية للنقـود ليسـت ظاهـرة جديـدة، حيـث أن تأثيرهـا لا ينحصر على اقتصاديات أغلب الدول، ولكن تأثير هذه الظاهرة عـلى الـدول كانت بدرجات مختلفة. حيث قدرت المعدل لارتفـاع الأسـعار في البرازيـل كانـت في عـام 1988 (993%)، وفي الأرجنتين (672 %).

ويمكـن الاسـتخلاص بـأن التغـير في القـوة الشرـائية للنقـود ستسـتمر في المستقبل.

فترة انخفاض الأسعار

يحصل الربح من وجود بنود الموجودات النقدية، وتحصل الخسـارة مـن وجود بنود المطلوبات، حيث أن عمل التسويات لأرصدة البنود غير النقدية يستلزم معرفة التغيير الذي حصل على مستويات الأسعار منذ تاريخ حصول العمليات التي أحدثت هذه البنود إلى الفترة التي أعدت فيه الميزانيـة. ومـن أهـم القواعـد التـي استعملت لمستويات الأسعار كانت كما يلي:

1) بضاعة أول المدة والتي تستعمل مستوى الأسعار الـذي اسـتعمل لبضـاعة آخـر المدة في الفترة السابقة.

2) المشتريات والمبيعات والمصاريف المختلفة نستعمل لها متوسط التغير في مستويات الأسعار.
3) الاستهلاكات ستعدل حسب التغير في مستوى الأسعار منذ تاريخ وقوع العمليات التي أحدثت الموجودات المستهلكة.
4) بضاعة آخر المدة هنالك ثلاث حالات هي:
أ. أن اتبع مبدأ ما يشتر أولاً يباع أولاً (FIFO) ، حيث يستعمل لها مستوى الأسعار الذي استعمل للمشتريات.
ب. أن اتبع مبدأ ما يشتري أخيراً يباع أولاً (LIFO)، حيث تستعمل لها مستوى الأسعار الذي استعمل لبضاعة أول المدة.
ج. أن أمكن تجزئة بضاعة آخر المدة إلى الجزء الذي يخص بضاعة أول المدة الجزء الذي يخص المشتريات خلال الفترة المحاسبية، لذلك فإنه يجب استعمال معدل التغير في مستويات الأسعار الذي استعمل لكل من بضاعة أول المدة والمشتريات.

مثال ذلك:

باشرت شركة المارد التجارية عملها في 1/1/ 2005، وفيما يلي كشف الأرباح والخسائر والميزانية العمومية لهذه الشركة، مع العلم أن الرقم القياسي لمستويات الأسعار كان كما يلي:

- في بداية سنة 2001 = 100
- في نهاية سنة 2001 = 110
- متوسط الأسعار = 105

الجدول التالي يبين هذا المثال:

شركة المارد التجارية

كشف الأرباح والخسائر
عن الفترة المنتهية في 31 / 12/ 2005

☒ المبيعات		2000
☒ تكلفة المبيعات		
☒ بضاعة أول المدة	3000	
☒ المشتريات	15000	
☒ البضاعة الجاهزة للبيع	18000	
	4000	
☒ (-) بضاعة آخر المدة		14000
		6000
☒ تكلفة البضاعة المباعة	800	
☒ مجمل الربح	2000	
☒ المصاريف:		
☒ الاستهلاكات		
☒ (-)مجموع المصاريف		2800
		3200
		2500
☒ صافي الأرباح		700
☒ (-) الأرباح الموزعة		
☒ الأرباح غير الموزعة		

شركة المارد التجارية

الميزانية العمومية
عن الفترة المنتهية لعام 2001

نهاية عام 2001	بداية عام 2001	
		الموجودات
7000	10000	☒ الصندوق
3000	---	☒ المدينون
4000	3000	☒ البضاعة
7200	8000	☒ المباني
21200	21000	مجموع الموجودات
6000		المطلوبات
1500	1000	☒ الدائنون
1000	2000	☒ أوراق الدفع
2500	3000	مجموع المطلوبات
		رأس المال حقوق (المساهمين)
18000	18000	☒ الأسهم
700	---	☒ الأرباح المتجمعة
18700	18000	مجموع رأس المال
21200	21000	مجموع المطلوبات ورأس المال

التضخـــم النقـــدي

تعريف التضخم النقدي:

هي ظاهرة اقتصادية تؤدي إلى الكثير مـن التغيـيرات الاقتصـادية، أو هـي زيادة الطلب الفعال على الموارد المتوفرة في الاقتصاد الوطني.

أحد الفروض المحاسبية والتـي تقـرر ثبـات القـوة الشرائية للنقـود ولكـن التغيرات الكبيرة التـي طـرأت عـلى مسـتويات الأسـعار أدت إلى التشـكك في مـدى صحة هذه الفرضية، حيث أن هذه التغيرات أدت إلى صعوبة تفهم المبالغ المذكورة في الحسابات الختامية، ولهذا لا بد من الأخذ بعين الاعتبار التغير في القوة الشرائية للنقود عند تحضير الكشوف الختامية من خـلال عمـل التسـويات اللازمـة لإظهـار المركز المالي والنتائج المالية للمشروع.

ويظهر للتضخم المالي أنه ذو تأثير على القوة الشرائية لنقـود، وعـلى مـدى صـلاحيتها في التقـارير الماليـة كأسـاس لمسـاعدة مسـتخدمي تلـك التقـارير لأخـذ قراراتهم المختلفة، وهذا يؤدي إلى عدم صلاحية أسـاس التكلفـة التاريخيـة لتقيـيم موجودات وأرباح الشركات المختلفة بعد التسليم بضرورة الأخـذ بالاعتبـار تغيـير القوة الشرائية للنقود عند تجهيز الحسـابات الختاميـة والميزانيـة العموميـة يجـب اختيار المصدر الذي تؤخذ منه هذه التغيرات، فهناك ثلاثة مصادر هي:

1) تغيرات في الرقم القياسي لأسعار السلع.

2) التغيرات في الرقم القياسي لأسعار السلع الاستهلاكية.

3) التغيرات في الرقم القياسي لأسعار السلع بالجملة.

البنود النقدية والغير نقدية

- البنود النقدية تشمل الموجودات والمطلوبات التي أرصدتها لا تتغير بتغير مستويات الأسعار، لـذلك فهـي تشـمل المـدينين والنقـد وأوراق القبـض والاستثمارات في السندات طويلة الأجل.

- البنود الغير نقدية تشمل جميع الموجودات الأخرى ورأس المال، حيث فترة ارتفاع الأسعار كانت:

أ) الخسارة تحصل من وجود الموجودات النقدية.

ب) الربح يحصل من وجود بنود المقابلة.

المحاسبة المتقدمة في تغير مستويات الأسعار

يعتبر الفرق بين القيمة التاريخية لهذه الموجودات والسعر السـوقي يجب أن تعتبر حسب رأي (شمت) كحسـاب رأسـمالي يظهـر في الميزانيـة العموميـة للشركات، ونظراً لصعوبة المصاريف التاريخية إلى مصاريف مبنيـة عـلى السـعر السوقي للموجودات، فلقد لوح (شمت) استعمال معدلاً للأسعار مبنياً عـلى رقـم قياسي متوسط للتغير. وقد اقترح أيضاً إصدار بيانات ختاميـة مزدوجـة للشركات مبنية على التكلفة التاريخية والقيمة السوقية.

أمـا الباحـث بتـين الأمـريكي فقـد ذكـر في كتابـه الصادر سـنة 1922. بـأن المحاسبين يستعملون عملـة غـير ثابتـة بسـبب تغير القوة الشرائية للنقـود وأن مقارنة التقارير المحاسبية المبنية على أسـاس التكلفـة التاريخيـة مـن سـنة لأخرى يؤدي إلى نتائج غير صحيحة.

ويوجد أسس محاسبية لتقييم الموجودات للشركات وتحددي أرباحها منها التكلفة التاريخية للسعر، والمعدلة، والقيمة الجارية، والقيمة الجارية المعدلة.

الفصل الخامس عشر

نظرية القياس المحاسبي

نظرية القياس المحاسبي

مفهــوم القيــاس

هي مقارنة الأعداد بأحداث المنشأة الماضية والجارية والمستقبلية بناءً عـلى ملاحظات ماضية أو جارية أو بموجب قواعد محددة . أو هي عمليـة مقابلـة يـتم من خلالها قرن خاصية معينة هي خاصية التعدد النقدي لشيء معـين هـو حـدث اقتصادي يتمثل فيها بعنصر معين في مجال معين هو المشروع الاقتصادي.

عملية القياس المحاسبية

1) الخاصية محل القياس حيث تنصب هذا على خاصية معينـة لشيء معـين، والذي قد تكون التعـدد النقدي لشيء معـين هـو حـدث مـن الأحـداث الاقتصادية للمشروع كمبيعاته أو ربحه مثلاً.

2) مقياس مناسب للخاصية محـل القياس حيـث إذا كانت التعـدد النقدي للربح مثلاً هي الخاصية محـل القياس، فالمقيـاس المسـتخدم حينئـذ هـو مقياس للقيمة. أما إذا كانت طاقته الإنتاجية هـي الخاصية محـل القياس فالمقياس المستخدم في هذه الحالـة هـو مقياس للطاقة كعـدد الوحـدات المنتجة في الساعة الواحدة مثلاً.

3) وحدة القياس المميزة، والتي تكون للخاصية محـل القياس لشيء معـين وبذلك لا يكفي فقط تحديد نوع المقياس المناسب لعملية القياس. ولا بـد من تحديد نوع وحدة القياس.

4) الشخص القائم بعملية القياس، والذي يعتبر مـن أهـم عنـاصر القيـاس في عمليته، لأن نتائج عملية القياس تختلف باختلاف القائمين بهـا خصوصاً في حالة عدم توفر المقاييس الموضوعية.

خطوات عملية القياس المحاسبي

1) تحديد الخاصية محل القياس، والتي هي حدث اقتصادي تاريخي أثر على المركز المالي للمشروع، وحدث في المستقبل وذو آثار اقتصادية متوقعة على المشروع، والمشكلة الحقيقية التي يواجهها المحاسب هي في عدم قدرة المحاسب في معظم الأحيان على تعريف أو تحديد الخاصية محل القياس تعريفاً أو تحديداً دقيقاً.
2) تحديد نوع المقياس المناسب لعملية القياس، والتي تتوقف على أغراض طبيعية عملية القياس وعلى نوع الخاصية محل القياس، فإذا كانت أغراض عملية القياس محضورة في مجرد تبويب الحدث محل القياس، فالمقياس المناسب لهذا الفرض هو مقياس أسمي. أما إذا كانت أغراض عملية القياس محصورة في المقارنة بين قيمة حدثين أصلين فعلاً فالمقياس المناسب لهذا المقياس الترتيب.
3) تحديد أسلوب القياس المناسب لعملية القياس، والتي يتوقف أسلوبه في تنفيذ عملية القياس المحاسبي كما يلي:
   أ. الهدف من عملية القياس.
   ب. الأفق الزمني لعملية القياس.

في حالة كان هدف عملية القياس مجرد تبويب الحدث محل القياس أو إثباته محاسبياً فقط حينئذ لا يتعدى أسلوب القياس ما يعرف بأسلوب أو طريقة القياس المباشر أو الأساسية. أما إذا كان أسلوب القياس المشتق أو غير المباشر والذي بموجبه تحدد قيم القياسات ضمن ما يسمى بعملية الاحتساب المبنية على علاقات رياضية.

أما إذا كان عملية القياس منصبة على حدث تاريخي يسلك المحاسب في قياسه أساليب بسيطة تكون في معظمها من النوع المباشر الذي يأخذ شكل التسجيل المباشر لقيمة هذا الحدث من واقع مستند مثل فاتورة، سند صرف.

أساليب القياس المحاسبية

تشتمل هذه الأساليب على مجموعة من الأساليب القياسية المتبعة في عملية القياس المحاسبية وهي ما يلي:

1) أساليب قياس أساسية أو مباشرة، والتي تحدد نتيجة عملية القياس المحاسبية ممثلة بقيمة الخاصية محل القياس مباشرة، وذلك دون الحاجة إلى ما يعرف بعملية الاحتساب والمبنية على ضرورة توفر علاقة رياضية بين الخواص محل القياس وتعتبر عملية التبويب المحاسبي من أهم الوسائل والأساليب القياس الأساسية أو المباشرة، إذ بدون الحاجة إلى استخدام الأرقام يمكن استخدام الخاصية المتخذة أساساً للتبويب كمقياس بموجبه يبوب الحدث الاقتصادي محل التبويب في الفئة أو المجموعة التي ينتمي إليها وفق تلك الخاصية.

2) أساليب القياس المشتقة: إذا ازداد اعتماد المحاسب على الأساليب المشتقة في القياس بعد تزايد أهمية عملية تشغيل البيانات المحاسبية، لأن عملية تشغيل البيانات المحاسبية بمدخلاتها ومخرجاتها تعتمد على عملية التحليل التي لا يمكن إنجازها بدون عملية الاحتساب. أما في مجالات القياس عامة والقياس المحاسبي خاصة تعتبر القياسات الأولية أو المباشرة بمثابة المدخلات لأساليب القياس المشتقة أو غير المشتقة أو غير المباشرة.

3) أساليب القياس التحكمية: والي توجد قواعد موضوعية فيها تحكم أساليب القياس غير المباشرة، حيث تكون أساليب القياس التحكمية تفتقر إلى مثل هذه القواعد مما يجعلها عرضة لآثار التمييز الناتج عن التقديرات أو الأحكام الشخصية للقائمين بعملية القياس.

مصادر تحيز القياس المحاسبي

1) الشخص الذي ينفذ عملية القياس المحاسبية وهو المحاسب.

2) النظام المحاسبي للقياس وهو مجموعة مـن المفـاهيم والمبـادئ والقواعـد والأحكام التي تحكم عملية القياس المحاسبية.

3) الأحداث الاقتصادية محل القياس ممثلة في عمليات مالية حدثت فعلاً بـين المشـروع، ولغـير هـذا في عمليـة القيـاس التاريخيـة التـي تنفـذ في نظـام المحاسـبة الماليـة أو فـرص مسـتقبلية يتوقـع حـدوثها في عمليـة القيـاس المستقبلية التي تنفذ سواء في نظام المحاسبة للتكاليف أو في نظام المحاسبة الإدارية.

4) البيانات المحاسبية والتي تمثل نتائج عملية القياس المحاسبي.

أشكال تحيز القياس المحاسبي

هنالك عدة أشكال للتحيز قد يصيب القياس المحاسبي ومنها:

1) تحيز الموضوعية، والتي يأخذ تحيز القياس المحاسبي شكل تحيز موضوعية، متى كان عامل الدقة هـو العامـل المـتحكم في عمليـة القياس. ويمكـن تحيز القياس المحاسبي بشكل موضوعي ينعدم في حالة واحدة هي متى تمتع مـن المحاسب وقواعد القياس الموضوعية الكاملة.

2) تحيز المعولية على القياس، والتي هي بمثابة المحصلة النهائيـة لجميع أشكال التحيـز التـي تنشـأ في عمليـة القيـاس المحاسبية عـبر مراحلهـا المختلفـة وفي مجاليها التاريخي والمستقبلي. وهناك مراحل استخدام القياسات المحاسبية في عملية التنبؤ هي:

أ. تشتق القياسات المحاسبية الأساسية بطريقة مباشرة أو غير مباشرة، وإذا توفرت الدقة التامة في مخرجات عملية القياس ينتفي وجود تحيز الموضوعية.

ب.تحلل القياسات المحاسبية الأساسية لتنشأ عنها المعلومات المناسبة للقائم بعملية التنبؤ، وإذا نجح المحلل في تحلل القياسات الأساسية بكيفية توفر للقائم بعملية التنبؤ بالمعلومات المناسبة له تماماً، ولذلك ينتفي وجود تحيز المواءمة.

ج. استخدام القائم لعملية التنبؤ المعلومات المحاسبية الموفرة له من قبل النظام المحاسبي للمعلومات مع معلومات أخرى يوفرها له النظام الإداري النموذج الصحيح لعملية التنبؤ على شكل معلومات محاسبية موفرة له من النظام المحاسبي بشكل مناسب، والمعلومات المحاسبية الأخرى مناسبة أيضاً.

3) تحيز المواءمة، عندما لا تفي القياسات المحاسبية باحتياجات مستخدم هذه القياسات عند استخدامها في غرض معين، وهذا وإذا كان تحيز موضوعية القياس على صلة باعتبار دقة المخرجات القياس، فإن تحيز مواءمة القياس على صلة باعتبار المناسبة لمخرجات القياس للأغراض المستخدمة فيها.

وينتفي تحيز المواءمة في حالة هي عندما ينتج المحاسب في توفير مخرجات القياس التي يطلبها مستخدم البيانات بالضبط بالشكل المناسب وعلى هذا الأساس فتحيز مواءمة القياس المحاسبي على صلة بوظيفة الاتصال المحاسبي.

وينشأ تحيز المواءمة في مراحل أخرى من مراحل عملية القياس المحاسبية هي مرحلة الدمج أو التجميع، ففي عملية الدمج أو التجميع لا تتأثر القياسات المحاسبية من زاوية موضوعيتها مطلقاً، لأن القيمة الإجمالية للأصول الثابتة مثلاً بعد عملية الدمج تساوي حاصل جمع يتم مفردات هذا الأصول.

ولذلك فإن أكثر العوامل عرضة لنشوء التحيز المواءمة هي مرحلة تحليل البيانات المحاسبية أو معالجتها، لأن المعلومات المحاسبية وهي مخرجات هذه المرحلة تكون شديدة الحساسية من زاوية تأثرها برغبات مستخدمي هذه البيانات.

قياس الإيرادات

يمكن أن نعرف الإيراد بأنه إجمالي التدفقات الداخلة التي تؤدي إلى زيادة إجمالي الأصول للوحدة المحاسبية، أو نقص في إجمالي خصومها أو في كليهما معاً.

تعريف قياس الإيراد:

هو تحديد القيمة المضافة لأصول الوحدة المحاسبية أو التخفيض الحادث في خصومها أو كلاهما في العمليات المتعلقة ببيع السلع أو تقديم الخدمات أو السماح للغير باستخدام أصولها خلال فترة محاسبية معينة.

التفرقة بين المكاسب والإيراد

- إن المكاسب تعني التدفق الداخل للوحدة المحاسبية والمتحقق من الأنشطة العرضية التي لا تتصف بالتكرار وليس لها علاقة بالنشاط العادي.
- الإيراد يطلق على ما تحققه الوحدة المحاسبية من عائد نقدي أو عيني عن طريق ما تمارسه من أنشطة عادية.

شروط توفر توقيت الاعتراف بالإيراد

1) إتمام عمليات الاكتساب أو الاقتراب منها بدرجة معقولة.
2) الانتهاء من عملية المبادلة التجارية.

أسس الاعتراف بالإيراد

1) الاعتراف بالإيراد قبل تسليم السلعة، أي بمجرد الانتهاء من إنتاجها أو حتى خلال عملية إنتاجها كما يحدث عند البيع بعقود مقدمة، أو في عقود الإنشاءات طويلة الأجل.
2) الاعتراف بالإيراد بمرور الزمن بالنسبة للإيرادات التي تنتج عن استخدام الغير لأصول الوحدة المحاسبية مثل إيراد العقار.

مثـــال :

عملت شركة القوس للتعمير في 1/1/ 2000 مع وزارة الأشغال العامة على بناء مجموعة من البنيات بقيمة قدرها 18 مليون دينار على أن يتم تسليمها جاهزة للوزارة في موعد أقصاه 1/1/ 2002 وفيما يلي بيانات خاصة بالعقد علماً بأن المقارنة

أنجزت في الزمن المحدد وفقاً لشروط العقد من حيث المواصفات، وتم تسليمها للوزارة في التاريخ المحدد بموجب مخالصة نهائية حسب الأعراف المرعية.

البيان	31/ 12/ 2000	31/ 12/ 2001	31/ 12/ 2002
التكاليف الفعلية التاريخية	4000	11664	16400
التكاليف المقررة لإتمام العقد	12000	4536	ــــ
قيمة المطالبات الصادرة لتاريخه العمل	3600	9600	4800
النقدية المحصلة لتاريخية من العميل	3000	7000	8000

المطلوب:

- تخصيص نفقات وإيرادات وأرباح الخسائر للعقد للفترات المحاسبية وفقاً لطريقة نسبة الإتمام المحددة وفق أسلوب المدخلات.
- إثبات العمليات الخاصة بالعقد على مدار الفترات المحاسبية الثلاث وتصوير الحسابات المناسبة في إسناد العقود.
- إظهار آثار العمليات السابقة على البيانات المالية الختامية للشركة على مدار السنوات الثلاث.

الحـــل:

- تحديد نسبة الإتمام

البيان	31/ 12/ 2000	31/ 12/ 2001	31/ 12/ 2002
	بالآلاف	بالآلاف	بالآلاف
التكاليف الفعلية التاريخية	4000	11664	16400
التكاليف المقررة لإتمام العقد	12000	4536	ــــ
التكاليف الإجمالية بذلك التاريخ نسبة الإتمام النسب	16000 16000 /4000 %25	16200 16200 / 11664 %72	164000 / 16400 16400 %100

- تخصيص إيرادات العقد:

4

السنة	نسبة الإتمام المخصص للعام	الإيراد المخصص (بالآلاف)
2000	%25	4500 = %25 × 18000
2001	%47	8460 = % 47 × 18000
2002	%28	5040 = %28 × 18000
	%100	18000

- حيث أن إيرادات العقد للفترة الأولى لغاية 31/ 12/ 2000 %25.
- إيرادات العقد للفترة الثابتة لغاية 31/ 12/ 2001 %47
- إيرادات العقد للفترة الثالثة لغاية 31/ 12 / 2002 %28

❖ إيرادات الفترة الأولى + إيرادات الثانية + إيرادات الثالثة = الإيرادات الإجمالية
%25 + % 47 + % 28 = % 100

- تخصيص أرباح أو خسائر العقد:

تحديد الأرباح المقدرة للعقد عن الأعمال المنجزة

البيان بالإيرادات	31/ 12/ 2000 بالآلاف	31/ 12/ 2001 بالآلاف	31/ 12/ 2002 بالآلاف
قيمة إجمالي إيرادات العقد	18000	18000	18000
ناقصاً أجمالي النفقات التاريخية - فعلية - مقدرة	 4000 12000	 11664 4236	 16400 —
	(16000)	(16200)	(16400)
مجمل الربح المقدر	2000	1800	1600

- تخصيص الأرباح المقدرة للفترات المحاسبية:

تحديد نسب الإتمام

البيـــــــان	بالآلاف	بالآلاف	بالآلاف
الأرباح المخصصة بالآلاف في			
31/ 12/ 200 (2000 × 25 %)	500		
31/ 12/ 2001 (1800 × 72 %)		1296	
ناقصاً ما خصص لعام 2000		(500)	
الربح المخصص لعام 2001		796	
31/ 12/ 2002 (1600 × 100 %)			1600
ناقصاً ما خصص لعام 2000، 2001 (500 + 796)			(1296)
			304

إذن الأرباح الإجمالية المقدرة للفترات الثلاث = السنة الأولى + الثانية + الثالثة

= 500 + 396 + 304

= 1600 دينار

- القيود المحاسبية في دفاتر شركة القوس:
- خلال عام 2000

أ) إثبات التكاليف الفعلية المنصرفة خلال العام.

4000 من حـ/ عقود تحت التنفيذ

4000 إلى حـ/ تكاليف العقود.

ب) إثبات المطالبات (الفواتير الصادرة من المقاول للعميل) خلال العام.

3600 إلى حـ/ مديني العقود.

3600 إلى حـ/ مطالبات عقود تحت التنفيذ

ج) إثبات المحصلات النقدية من العميل خلال العام.

د) إثبات الإيرادات المخصصة للعام.

3000 من حـ/ النقدية.

3000 إلى حـ / مديني العقود

من مذكورين

4000 حـ/ تكاليف العقود(التكاليف الفعلية)

500 حـ/ عقود تحت التنفيذ (مجمل الربح المخصص للعام)

4500 إلى حـ/ إيرادات العقود

- خلال عام 2001

أ) إثبات التكاليف الفعلية المنصرفة خلال العام.

التكاليف الفعلية التاريخية لسنة 2001 – التكاليف الفعلية التاريخية

لسنة 2000 = 11664 – 4000 = 7664 دينار

7664 من حـ / تحت التنفيذ

7664 إلى حـ / تكاليف العقد (مخزون – دائنون - نقدية)

ب) إثبات المطالبات الصادرة من المقاول للعميل خلال العام.

9600 من حـ / مديني العقود

9600 إلى حـ / مطالبات عقود تحت التنفيذ.

ج) إثبات المتحصلات النقدية من العميل خلال العقود

7000 من حـ / النقدية

7000 إلى حـ / مدينتي العقود

د) إثبات الإيرادات المخصصة للعام

من مذكورين

7664 من حـ / تكاليف العقود (التكاليف الفعلية)

796 حـ / عقود تحت التنفيذ (المخزون – دائنين - نقدية)

8460 إلى حد / إيرادات العقود

- خلال عام 2002

أ) أثبات التكاليف الفعلية المنصرفة خلال العام.

التكاليف الفعلية لعام 2002 – التكاليف الفعلية لعام 2001

= 16400 – 11664 = 4736 دينار

4736 من حـ/ عقود تحت التنفيذ

4736 إلى حـ/ تكاليف العقد (مخزون- دائنون - نقدية)

ب) إثبات المطالبات الصادرة خلال العام

4800 من حـ/ مديني العقود

4800 إلى حـ/ مطالبات عقود تحت التنفيذ

ج) إثبات المتحصلات النقدية من العميل خلال العام.

800 من حـ/ النقدية

800 إلى ح / مديني العقود

د) إثبات الإيرادات المخصصة للعام

من مذكورين

4736 من حـ/ تكاليف العقود

304 من حـ/ عقود تحت التنفيذ

5040 إلى ح/ إيرادات العقود

ه) إثبات المخالصة عن العقد وتسليم المقاولة للعميل في نهاية العام

1800 من حـ/ مطالبات عقود تحت التنفيذ

1800 إلى حـ/ عقود تحت التنفيذ

- تصوير حسابات العقد بإسناد العقود:

منه حـ/ عقود تحت التنفيذ	له
4000 إلى ح/ تكاليف العقود 500 إلى حـ / إيرادات العقود أرباح 2000	4500 رصيد مدين بالميزانية 31/ 12/ 2000
4500 رصيد منقول 1/1/ 2001 7664 إلى حـ/ تكاليف العقود 796 إلى حـ/ إيرادات العقود أرباح 2001	12960 رصيد مدين بالميزانية 31/ 12/ 2001
12960 رصيد منقول 1/1/ 2002 4736 إلى حـ / تكاليف العقود 304 إلى حـ/ تكاليف العقود	1800 من ح/ مطالبات عقود تحت التنفيذ
18000	18000

منه حـ/ مطالبات عقود تحت التنفيذ	له
3600 رصيد دائن بالميزانية 31/12/ 2000	3600 من حـ/ مدينتي العقود
13200 رصيد دائن بالميزانية في 31/ 12/ 2001	3600 رصيد منقول 1/1/ 2001 9600 من حـ/ مدينتي العقود
18000 إلى حـ/ عقود تحت التنفيذ	13200 رصيد منقول 1/1/ 2002 4800 من حـ/ مدينتي العقود
1800	18000

منه حـ/ مدينتي عقود	له
3600 إلى حـ/ مطالبات عقود تحت التنفيذ	3000 من حـ/ النقدية 600 رصيد مدين بالميزانية 31/ 12/ 2000
600 رصيد منقول في 1/ 1/ 2001 9600 إلى حـ/ مطالبات عقود تحت التنفيذ	7000 من حـ/ النقدية 3200 رصيد مدين بالميزانية 2001/12/3
3200 رصيد منقول 1/1/ 2002	8000 من حـ/ النقدية
8000	8000

منه	حـ/ تكاليف العقود له
4000 إلى حـ/ إيرادات العقود	4000 من حـ/ عقود تحت التنفيذ 31/ 2000/12
7664 إلى حـ/ إيرادات العقود	7664 من حـ/ عقود تحت التنفيذ 31/ 2001/12
4736 إلى حـ/ إيرادات العقود	4736 من حـ/ عقود تحت التنفيذ 31/ 2002/12
16400	16400

منه	حـ/ إيرادات العقود له
4500 قائمة دخل العقد لعام 2000	4500 من مذكورين 31/ 12/ 2000
8460 قائمة دخل العقد لعام 2001	8460 من مذكورين 31/ 12/ 2001
5040 قائمة دخل العقد لعام 2002	5040 من مذكورين 31/ 12/ 2002
18000	18000

- إظهار بيانات العقد في القوائم المالية الختامية:

أ) لعـــام 2000

شركة القوس للتعمير — شركة القوس للتعمير

قائمة الدخل للسنة المنتهية 2000/12/31 — الميزانية العمومية 31/ 12/ 2000

الإيرادات المخصصة	مبالغ بالآلاف	الأصول المتداولة
الإيرادات المخصصة لعام 2000 التكاليف المحملة لعام 2000	4500 (4000)	4000 عقود تحت التنفيذ تطرح مطالبات (3600) عقود تحت التنفيذ
	500	900
		600 مديني العقود

ب) لعام 2001

شركة القوس للتعمير　　　　　　　　　شركة القوس للتعمير

قائمة الدخل للسنة المنتهية 31/ 12/ 2001　　　الميزانية العمومية 31/ 12/ 2001

البيـــان	مبالغ بالآلاف	الأصول المتداولة	الخصوم المتداولة
الإيرادات المخصصة لعام 2001 التكاليف المحملة لعام 2001	8460 7664	3200 مدينتي العقود	13200 مطالبات عقود تحت التنفيذ (2960) ناقصاً عقود تحت التنفيذ
مجمل الربح المخصص لعام 2001	796		240

ج) لعام 2002

شركة القوس للتعمير　　　　　　　　　شركة القوس للتعمير

قائمة الدخل للسنة المنتهية 31/ 12/ 2002　　　الميزانية العمومية في 31/ 12/ 2002

البيـــان		الأصول المتداولة	الخصوم المتداولة
الإيرادات المخصصة لعام 2002 التكاليف المحملة لعام 2002	5040 4736	- عقود تحت التنفيذ - مديني العقود	- مطالبات عقود تحت التنفيذذ
مجمل الربح المخصص لعام 2002	304		

قياس المصروفات

يمكن أن نعرف المصروفات على أنها إجمالي النقص في الموجودات أو إجمالي الزيادة في المطلوبات الناتجة عن القيام بنشاط موجه لتحقيق الأرباح.

عناصر المصروفات

1) تكلفة البضاعة المباعة.

2) الأجور.

3) الإستهلاكات.

4) الإيجارات ومصروفات أخرى.

عناصر التكلفة

1) المواد الخام المباشرة وهي مجموعة مواد الخام الأولية التي يمكن تحديدها وتحميلها مباشرة لمنتج معين بذاتها.

2) التكلفة الصناعية الإضافية وهي النفقات التي يصعب تحميلها على تكاليف منتج محدد أو مرحلة معينة.

3) العمالة ويقصد به ما يدفع للعمال من أجور مقابل عملهم.

قياس المصروفات المحاسبية

يمكن قياس المصروفات من خلال ما يلي:

1) أساس افتراض وجود علاقة بين المصروفات وبين الفترة أو بين المصروفات بين أنشطة معينة وإيرادات معينة، وعلى هذا الأساس يتم التحديد المباشر لنصيب كل فترة أو كل نشاط في المصروفات، أي التحديد المباشر لذلك الجزء المستفيد في موارد المنشأ في سبيل تحقيق نشاط معين، وهذا تصرف (بالطريقة المباشرة).

2) تحديد قيمة الموجودات في نهاية الفترة على أساس ذلك القدر من الموارد الذي يمكن تحميله لإيرادات وأنشطة الفترة المقبلة، ويعتبر الرصيد المتبقي مصروفات الفترة الحالية، وهنا يتم تحديد المصروفات على أساس المعادلة التالية:

أرصدة الموجودات أول المدة + الانفاق خلال الفترة/ المجموع- أرصدة الموجودات آخر الفترة = مصروفات الفترة.

وهذه الطريقة تعرف بالطريقة الغير مباشرة.

توقيت الاعتراف بالمصروفات

المقصود هنا بالتوقيت الاعتراف بالمصروفات تحديد اللحظة الزمنية التي يتحقق فيها المصروف وإثباته محاسبياً، فتحقق المصروفات بشكل عام ويتم الاعتراف بها بمجرد أن يتضح للمحاسب أن هناك منافع اقتصادية قد تم استنفاذها في أداء النشاط خلال فترة معينة.

هنالك نوعين من المصاريف التي ترتبط بمبدأ مقابلة الإيرادات بالمصروفات:

1) مصروفات ترتبط بشكل مباشر بالإيرادات التي تم تحققها وجرى إثباتها محاسبياً خلال فترة محاسبية معينة على أن تجري مقابلة الإيرادات والمصروفات.

2) مصروفات لا ترتبط بصورة مباشرة بالإيرادات ولكن يمكن ربطها بطريقة أو بأخرى بالفترات المحاسبية، أي أن المقابلة هنا تكون على أساس افتراض علاقة بين المصروف وبين النشاط لفترة أو فترات معينة.

قياس الأصول

مفهوم الأصول يعني مجموعة من الوسائل الاقتصادية التي تمتلكها الوحدة الاقتصادية من أجل الحصول على منافع اقتصادية مستقبلية منها وذلك إما باستخدامها في العملية الإنتاجية أو في مساعدتها على تحقيق ذلك.

أن الأصول تعتبر ذو وسائل عمل يؤثر الإنسان بواسطتها على مواضيع العمل ليغير شكلها لما يتلاءم وأهدافه مثل الأدوات والمعدات وغيرها. وضمن وسائل العمل للظروف المادية الضرورية لسير العملية الإنتاجية كافة في ظروف طبيعية كالمنشأت والأراضي.

أنواع الأصـــول

1) أصول متداولة أو قصير الأجـل- وتشـمل النقديـة وشبه النقديـة كالمـدينين وأوراق القبض والأوراق القصيـرة الأجـل والمخـزون للبضـاعة والمصرـوفات المدفوعة مقدماً والإيرادات المستحقة.

2) الأصول طويلة الأجل وتقسم إلى أصول ملموسـة مثل الاسـتثمارات طويلـة الأجل، والممتلكات والمعـدات والأراضي. والأصول الغير ملموسـة مثل حـق الاختراع والعلاقة التجارية وحق التأليف.

الاستثمارات قصيرة الأجل

إن ما يميز الإدارة الماليـة الرشـيدة هـو اسـتخدامها الأمثـل للمـوارد الماليـة المتاحة، والتي تشـمل عدم تعطيل النقديـة الفائضة عن الاستثمار. ويعتبر الاسـتثمار قصير الأجل عندما يكون لفترة ماليـة تقل عن السنة أو خلال الدورة التجـارة أيهـما أطول. وهناك عدة أنواع من الاستثمارات قصيرة الأجل وهي:

1) الاستثمارات في السندات لفترة تقل عن السنة.

2) إيداع النقدية لدى المصاريف في حسابات التوفير التي تقل مدته عن السنة.

3) الاستثمارات في أسهم الشركات لفترة تقل عن السنة.

4) شهادات الاستثمارات لمدة قصيرة لا تتجاوز السنة .

مميزات قياس الاستثمارات قصيرة الأجل في الأوراق المالية

1) أن التوزيعات لا تستحق ونتيجة لذلك تسجل كل التكلفة المدفوعة من قبل المستثمر في حساب الأوراق المالية.

2) تستحق الفوائـد عـلى السـندات يوميـاً ويتحمـل المشـتري قيمـة الفوائـد المستحقة منذ تاريخ دفع آخر فائدة وحتى تاريخ الشراء.

المخزون السلعي

يعتبر هذا المخزون السلعي مـن أكـثر الأصـول المتداولـة أهميـة في معظـم الوحدات الاقتصادية، حيث يظهر أي خطأ في تحديد قيمتـه سـوف تنسـحب عـلى دقة المركز المالي لدخول هذا العنصر في تحديد نتيجة الأعمال. ومن أنظمة المخزون السلعي:

- نظام الجرد الدوري.

- نظام الجرد المستمر.

- نظام الجرد التثبيت.

يمكن تسعير المخزون السلعي من خلال:

1) طريقة التميز المحدد والتي يتحدد فيها أسعار وحدات المخزون السلعي لآخـر المدة حسب انتمائه للمشتريات التي تمت خلال العام.

2) طريقة متوسط التكلفة والتي يستخرج منها متوسط تكلفة المخزون السـلعي بقيمة إجمالية للتكلفة البضاعة المتاحـة للبيـع عـلى عـدد الوحدات المتاحـة للبيع.

3) طريقة الوارد أولاً وتستند هـذه الطريقـة عـلى أسـاس أن البضـاعة التـي يـتم الحصول عليها أولاً تباع أولاً

4) طريقة الوارد أخيراً، صادراً أولاً والتي يتم بموجبه بيع البضاعة التي تـرد أخـيراً إلى الوحدة الاقتصادية قبل غيرها من البضائع.

أساليب قياس المخزون السلعي

أولاً: قياس المخزون على أساس العناصر- حيث يتم المقارنة لسعر السوق مع سـعر التكلفة لكل عنصر من عناصر المخزون السلعي ويـتم اختيـار أقـل السـعرين ومـن ثـم يعتمـد النـاتج النهائي في القوائم الماليـة مـع الإشارة إلى التكلفـة الحقيقية توافقاً مع مبدأ الإفصاح المحاسبي.

ثانياً: قياس المخزون على اساس المجموعات الرئيسية- حيث يتم هنا المقارنة لكل مجموعة من مجاميع المخزون السلعي ويتم اختيار أقل السعرين بين التكلفة أو السوق.

ثالثاً: قياس المخزون على أساس إجمالي المخزون - حيث يعتبر هذا القياس من أكثر الطرق استخداماً في الحياة العملية لسهولتها وبساطتها وقلة الجهد فيها.

قياس الأصول طويلة الأجل

هنالك نوعين من عناصر تكاليف الأصول طويلة الأجل:

1) الأصول القابلة للاستخدام بمجرد شرائه ونقله إلى المكان المناسب للعمليات التشغيلية التابعة للوحدة الاقتصادية.

2) الأصول التي عند شرائه ونقله إلى المكان المناسب للتشغيل يحتاج إلى بعض النفقات الضرورية أو اللازمة لعملية التشغيل.

هنالك تكاليف للأصول طويلة الأجل منها:

أ. تكلفة الأراضي- وهي جزءاً من تكلفة الأرض المصاريف التي يتكبدها المالك الجديد عن إزالة المباني القديمة الموجودة أصلاً على الأرض قبل شرائها.

ب. تكلفة المباني - وهي تكلفة كل ما ينفق نقداً أو عيناً أو ما يعادلها في سبيل الحصول على المباني بقصد الامتلاك.

ج. تكلفة الآلات والتركيبات، تشتمل على مجموعة من العناصر مثل الآلات والمعدات ووسائط النقل والأثاث والحاسبات الإلكترونية والتركيبات المكتبية.

د. تكلفة التحسينات - وهي الإضافات الرأسمالية التي يتم إدخالها على أي أصل من الأصول طويلة الأجل إما بهدف زيادة مقدرته الإنتاجية أو بقصد استكمال غايات استخدامه مثل إضافة مصعد كهربائي لمبنى مملوك لجهة خارجية مستأجرة للاستفادة من خدماته في أعمال تشغيلية يقوم بها المستأجر.

قياس الأصول غير الملموسة

والمقصود بها تلك الأصول التي لا يكون لها وجود مادي ملموس ولا يمكن التأكد من منافعها المستقبلية المحتملة عند استخدامها في العمليات التشغيلية مثل: شهرة المحل، العلاقات التجارية، حقوق النشر، براءات الاختراع.

وهناك سمات للأصول غير الملموسة

1) خضوع قيمتها للتقلبات الحادة.

2) انعدام كيانها المادي الملموس.

3) محدودية عمرها الإنتاجي.

4) صعوبة تقدير قيمتها السوقية لانعدام وجودها المادي الحقيقي.

5) عدم إمكانية التأكد وبدرجات عالية من منافعها المستقبلية المحتملة.

تصنيف الأصول غير الملموسة

1) يمكن الحصول على بعض الأصول الغير ملموسة بشكل منفرد أو مع مجموعة من الأصول أو نتيجة اندماج وحدة اقتصادية بأخرى.

2) يتم تحديد عمرها الإنتاجي للأصول الغير ملموسة بواسطة القانون أو الاتفاق أو وفقاً لعوامل اقتصادية معينة.

3) إن الأصول غير الملموسة القابلة لتحقيق تكون قابلة لتحقيق ذاتها بصورة منفصلة عن الوحدة الاقتصادية.

تحديد تكلفة الأصول غير الملموسة

تقسم إلى نوعين مهمان:

1) الأصول التي يمكن تمييزها بدرجة معقولة في الدقة عن بقية الأصول الأخرى.

2) الأصول التي لا يمكن تمييزها أو فصلها عن بقية أصول الوحدة الاقتصادية يتم الحصول على الأصول غير الملموسة المحددة إما بشرائها من الغير أو عن طريق اكتشافها وتطويرها داخل الوحدة الاقتصادية. أما في حال شرائها مقابل أسهم أو مبادلتها بأصول أخرى ففي هذه الحالة لا بد من تحديد القيمة السوقية العادلة

للأسهم أو الأصول. وإذا جرى شراء مجموعة من الأصول غير الملموسة صفقة واحدة، فيجب في هذه الحالة توزيع تكلفة الأصول حسب القيمة السوقية على عدد وحداتها.

وهناك عدة أصول غير ملموسة تشتمل على ما يلي:

1) الشهرة والتي تكون ذات تفسير غير محاسبي، وهي عبارة عن منافع تتولد عن الشهرة نتيجة ما تتمتع به الوحدة الاقتصادية من سمعة طيبة وسط الجمهور بسبب العلاقات الحسنة التي كونتها مع العملاء، أو أصحابه ذو شهرة المحل هي عبارة عن القيمة الحالية للأرباح غير العادية المستقبلية والتي تزيد عن مقدار العائد العادي على صافي الأصول والذي يمكن تحديده.

ويمكن تقدير الشهرة من خلال ما يلي:

أ- الشهرة التجارية والتي هي عبارة عن مجموعة موارد غير ملموسة يعب التعرف على كل مفردة منها بصورة منفصلة عن الأخرى، مما يصعب معها تقويم قيمتها بشكل منفصل عن المجموعة.

ب- زيادة في الأرباح المستقبلية عن مستوى الأرباح العادية المتأيتة عن ممارسة الوحدة الاقتصادية نشاطها المعتاد.

طريقة قياس التقييم الشامل

1) فحص ومراجعة حسابات العملاء بشكل منفصل مع استبعاد فحص الديون المشكوك في تحصيلها.
2) فحص ومراجعة حسابات الخصوم المتداولة.
3) تحديد القيم العادلة للأصول الوحدة الاقتصادية المشتراه عن طريق خبراء متخصصون بها المجال.
4) مراجعة السجلات المحاسبية للتأكد من صحة رأس المال.

مثـــــال:

اشترت شركة الأمل لصناعة الأثاث في شركة الاتحاد إدماجها بشركتها الأصلية (الاتحاد)، وقد تم دفع قيمة كامل موجودات الشركة نقداً وذلك في 1/5/

2005 وقد قدرت المقابـل لهـذا النقـدي المـدفوع بمبلـغ (950000) دينـار، علماً أن قائمة المركز المالي لشركة الأمل كانت في 31/ 12/ 2004 كالآتي:

الأصـــــول		الخصوم وحقوق الملكية	
الصندوق	50000	800000	خصوم متداولة
البنك	250000	1700000	رأس المال
المدينون	350000	800000	فائض الأرباح المحتجزة
مخزون السلعي	700000		
أصول طويلة الأجل	1950000		
	3300000	3300000	

كما قدر الخبراء القيمة السوقية العادية لشركة الأمل كما يلي:

البيان	المبلـــغ	
الصندوق	50000	
البنك	250000	
المدينون	350000	
المخون السلعي	720000	
أصول طويلة الأجل:		
أراضي	75000	
مباني	500000	239500
مكائن	400000	
معدات	50000	
الخصوم المتداولة		
		1595000 دينار

ستكون قيمة الشهرة بموجب طريقة التقييم الشامل كما يلي:

قيمة الشهرة = القيمة السوقية الصافية لأصول شركة الأمل- سعر الشراء

= 1595000 - 950000

= 645000 دينار

2) طريقة الدخل غير العادي- تتحدد طريقة الدخل العادي مـن خـلال إجـراء دراسة مقارنة لأرباح الشـركة المشـتراة لعـدد مـن السـنوات السـابقة، وكذلك التنبـؤ بمقـدار الأرباح التـي يمكـن أن تحققهـا الشـركة المشـتراه، وثـم تقـدير متوسط الربحية باستخدام ما يتوفر من مؤشرات قياسـية، وثم إيجـاد الفـرق بين الأرباح المتوقعة مستقبلاً وبين متوسط الربحية ليمثل فرق القيمة المقدرة للشهرة.

3) براءات الاختراع –والتي تعتبر مـن أحـد الأصـول غـير الملموسـة التـي تتمتـع بالاستقلال الذاتي وإمكانية التحقق، وهي عبارة عـن رخصـة أو إجـازة تحصـل عليهـا الوحـدة الاقتصادية مـن جهـة رسـمية مخولة بمنح هـذا الفـرض مـن التصنيع أو بيعه أو استخدامه.

4) حقوق النشر -وهو ضمان قانوني من قبل الدولة للمؤلفين والبحـاث والأسـاتذة والفنانين والأدباء لمؤلفاتهم وإبداعاتهم وأبحاثهم الأدبية والفنيـة لحقـوقهم في النشر وإنتاج وبيع مؤلفاتهم من إنتاج علمي وأدبي وفني.

الفصل السادس عشر

نظرية التنظيم المحاسبي في شركات التأمين

نظرية التنظيم المحاسبي في
شركات التأمين

مفهوم التنظيم المحاسبي:

هي مجموعة الدفاتر والسجلات المستخدمة والطريقة المحاسبية المتبعة والتي تلاءم طبيعة عمليات المشروع والوسائل المتبعة سواء يدوية أو آلية أوكليهما.

ويجب عند تصميم النظام المحاسبي لشركات التأمين مراعاة ما يلي: (خصائص النظام المحاسبي في شركات التأمين):

1) ضرورة ملائمة النظام لطبيعة وظروف وحجم وعمليات شركة التأمين.
2) موافقة النظام المصمم لأحكام القوانين التي تحكم شركات التأمين المطبقة له.
3) توافر المرونة والبساطة والوضوح في المستندات والدورة المستندية لعمليات التأمين المختلفة.
4) إمكانية تقسيم العمل بين العاملين لتحديد مسؤولية كلاً منهم وتطبيق نظام الرقابة الداخلية في الشركة.
5) توفير البيانات لتلبية احتياجات إدارة شركة التأمين والأجهزة الخارجية والإشرافية والرقابية وأجهزة تقييم الأداء.
6) اقتصادية النظام المصمم بحيث يكون العائد من التطبيق أكبر من التكلفة.

ملاحظة:

تعتبر طريقة المحاسبة الفرنسية (المركزية) مناسبة لشركات التأمين لاتفاقها مع طبيعة عملياتها ولمرونتها في تحديد عدد وشكل الدفاتر المساعدة.

المعالجة المحاسبية لفروع التأمينات العامة:

حساب إيرادات ومصروفات فرع التأمينات % العامة، بالرغم من تعدد أنواع فروع التأمينات العامة، إلا أن اللائحة التنفيذية لقانون الإشراف والرقابة، قد حددت نموذجاً واحداً يطبق لي فرع من فروع التأمينات العامة ويظهر النموذج كالآتي:

حـ/ إيرادات ومصروفات تأمين ضد....

ملاحظات هامة:

في حـ/ الإيرادات والمصروفات نتبع أساس الاستحقاق أي، بأجمل الإيرادات والمصروفات بما يخص السنة، بصرف النظر عن واقعة السداد أو التحصيل:

- قسط إعادة تأمين صادر مصروف التعويضات إيراد.
- قسط إعادة تأمين وارد إيراد التعويضات مصروف.
- عمولة إعادة تأمين صادر إيراد.
- عمولة إعادة تأمين وارد مصروف.

المخصصات الفنية آخر الفترة تكون دائنة، وتحمل حـ/ الإيرادات والمصروفات التأمين في الجانب الدائن.

المعالجة المحاسبية للمخصصات الفنية:

تتمثل المخصصات الفنية في فروع التأمينات العامة في أنواع المخصصات التالية:

1) مخصص الأخطار السارية.
2) مخصص تعويضات تحت التسوية.
3) مخصص تقلبات معدلات الخسائر.
4) الاحتياطي الإضافي.

(1) مخصص الأخطار السارية:

يندر في مجال التأمينات العامة أن تتفق الفترة المعدة عنها وثيقة التأمين مع الفترة الحالية التي تعد عنها الحسابات الختامية، فإذا لم يتفق تاريخ إصدار الوثيقة مع بداية السنة الحالية فلابد أن يقع جزء من الفترة التي تغطيها الوثيقة في السنة الحالية التالية، وبما أن القسط يتم تحصيله مقدماً عند بداية التأمين فيترتب على ذلك أن جزءاً من القسط يعتبر غير مكتسب لأنه قد تم تحصيله مقدماً عن فترة مالية تالية. ويطلق على هذا الجزء غير المكتسب من الأقساط في مجال التأمينات العامة.

اسم مخصص أو احتياطي الأخطار السارية، لأن الوثيقة يسري مفعولها لفترة في السنة الجديدة، ولذلك لا بد من حجز جزء من الأقساط لمقابلة الأخطارالتي قد

تحدث خلال تلك الفترة، وقد حدد المشرع نسبة تكوين مخصص الأخطار السارية مع أساس حسابها وصافي الأقساط ما يلي:

- (25 %) عن عمليات التأمين من أخطار النقل البحري والجوي.

- (47 %) عن عمليات التأمين من حوادث السيارات.

- (40 %) عن باقي عمليات التأمين (عمليات التأمين الأخرى).

أما وثائق التأمين طويلة الأجل فتكون بنسبة 100% من رصيد الأقساط (صافي الأقساط).

مثال:

تمت العمليات التالية في إحدى شركات التأمين ضد الحرائق خلال السنة الحالية المنتهية في 30/ 6 / 1998.

- بلغ مجموع الوثائق المصدرة خلال العام 600000، منها وثائق طويلة الأجل تبلغ قيمتها 100000 دولار، وقد حصلت الشركة من هذه الوثائق ما قيمته 450000، وبلغ نصيب شركات الإعادة مبلغ 250000 دولار سددت الشركة الأصلية منها 100000 دولار، كما بلغت أقساط إعادة التأمين الوارد 300000 دولار حصلت الشركة منها 200000 دولار.

المطلــــوب:

1) حساب صافي الأقساط.
2) حساب مخصص الأخطار السارية.

الحــــل:

1) حساب صافي الأقساط:

هنا يتم تطبيق أساس الاستحقاق عند حساب صافي الأقساط بغض النظر عن ما حصل أو سدد منها.

(2) الاحتياطي الإضافي:

تجنباً السلبية للأضرار التي قد تنتج من تكوين احتياطي الأخطار السارية بالنسب الجغرافية السابقة درج العرف على إنشاء مخصص احتياطي يطلق عليه مخصص أو احتياطي أضافي، ويغطي المخصص الفرق بين الرقم الحقيقي للأخطار السارية وبين الرقم الجزافي على أساس النسب السابقة ويحسب بعدة طرق.

(3) مخصص تعويضات تحت التسوية:

يمثل مخصص تعويضات تحت التسوية قيمة التعويضات التي استحقت من أخطار تحققت فعلاً خلال السنة المالية، ولكن قيمتها لم تدفع حتى تاريخ إعداد الحسابات الختامية، لعدم اكتمال الاجراءات الفنية أو القانونية وأن صرفها سوف يتم السنة المالية القادمة، وتكوين مخصص تعويضات تحت التسوية يستلزم التفرقة بين التعويضات تحت التسوية من ناحية، وبالنسبة لتعويضات تحت التسوية أن يفرق بين تعويضات إعادة التأمين الواردة المسددة والمستحقة ولم تسدد بعد والتفرقة بين تعويض وإعادة التأمين الصادر المحصلة وغير المحصلة وتعتبر في حكم المستحقة على أن مخصص تعويضات تحت التسوية على أساس صافي التعويضات المستحقة.

مثـــال:

بلغت التعويضات المستحقة عن العام 850,000 دولار منها تعويضات مباشرة 500,000 دولار وقد حصلت الشركة من تعويضات إعادة التأمين الصادر ما قيمته 200.000 دولار، كما بلغت تعويضات إعادة التامين الوارد 320.000 دولار كما سددت للمستأمنين نقداً 250,000 دولار بعد خصم أقساط مستحقة تبلغ قيمتها 35000 دولار، وقروض بمبلغ 50.000 دولار تستحق فوائد بمبلغ 5000 ريال.

المطلـــوب:

1) حساب صافي التعويضات المسددة.
2) حساب مخصص تعويضات تحت التسوية.

(4) مخصص تقلبات معدلات الخسائر:

يتم تكوين مخصص تقلبات معدلات الخسائر على أساس نسبة مـن رأس المال المستثمر أو بما يعادل قيمة النقص من معدلات الخسائر المحققة فعلاً لفرع التأمين عـن متوسط معدل الخسائر للشركة مـن 3 سـنوات سـابقة وللشركات الحديثة يتم حسابه على أساس المتوسط السائد في السوق عن السنة الماضية.

مثـال:

1) إذا حقق فرع الحريق في سنة ما خسائر قـدرها 300,000 دولار وكـان متوسـط خسائر الشركة عن السـنوات الثلاثـة الماضية 400.000 دولار فيكون مخصـص بمقدار النقص 100.000 دولار.

2) إذا كان رأس المال المستثمر في الشركة 2000.000 دولار والنسبة التـي يحسـب عليها المخصص 5% فإن قيمة المخصص = 2000,000 × 100.000 = دولار.

- الأقساط إيرادات توضع في الجانب الدائن.

- التعويضات مصروفات توضع في الجانب المدين.

- أقساط إعادة تأمين وارد إيراد.

- أقساط عادة تأمين صادر مصروف.

- تعويضات إعادة تأمين وارد مصروف.

- تعويضات إعادة تأمين صادر إيراد.

- عمولة إعادة تأمين وارد مصروف.

- عمولة إعادة تأمين صادر إيراد.

- المعالجة المحاسبية لإيرادات فروع التأمين العامة

الأقسـاط:

- يعرف القسط بأنـه: مبلـغ تتقاضـاه شركـة التأمين مـن المـؤمن لـه مقابـل تعهدها بدفع قيمة التعويض عند وقوع الخطر المؤمن ضده.

- تتطلب اللائحة التنفيذية إظهار البيانات الآتية الخاصة بالأقساط:

أقساط مباشرة:

ويقصد بها الأقساط المستحقة بموجب وثائق التأمين التي أصدرتها الشركة الأصلية ويتم معالجة الأقساط عن طريقة قيدين:

أقساط إعادة تأمين وارد

يلاحظ بالنسبة لأقساط إعادة التأمين الوارد أن قيمة الأقساط المستحقة تضاف إلى حساب المال الاحتياطي لعمليات إعادة التأمين الوارد ولا يضاف إلى حساب البنك أو المخزنة، حتى لا يترك للشركة حرية التصرف فيها وذلك لأحكام الرقابة على عمليات إعادة التأمين ويظهر المال الاحتياطي لعمليات إعادة التأمين الوارد ضمن عناصر الأصول في الميزانية.

أقساط إعادة تأمين صادر:

يلاحظ أن سداد الشركة الأصلية لقيمة الأقساط المستحقة عليها لشركات الإعادة يظهر تحت بند المال الاحتياطي لعمليات إعادة التأمين الصادر ولا يثبت خصماً من حسابات البنك أو الصندوق ويظهر المال الاحتياطي لعمليات إعادة التأمين الصادر ضمن عناصر الخصوم في الميزانية.

مثــــال:

تحت إحدى العمليات التالية في دفاتر إحدى شركات التأمين ضد حوادث السيارات والتي تقيد تأمين 40% من عملياتها لدى الشركة المصرية لإعادة التأمين وذلك في السنة المالية المنتهية في 30 /6/ 2000.

بلغ مجموع الوثائق المصدرة خلال العام 1200.000 دولار كما بلغ مجموع وثائق إعادة التأمين الوارد 300.000 دولار، كما بلغت الأقساط الإضافية المحصلة 250.000 دولار والأقساط المستردة 5.000 دولار، وقد حصلت الشركة من الوثائق 1000.000دولار وسددت 450.000 دولار من نصيب شركات الإعادة ولم تحصل قيمة أقساط إعادة التأمين الوارد.

المطلـــوب:

1) حساب صافي الأقساط.
2) حساب مخصص الأخطار.

الحـــــل:

- تأمين ضد حوادث السيارات 47%.
- الوثائق المصدرة 1200.000 دولار.
- الأقساط الإضافية المحصلة 250.000 دولار.
- الأقساط المستردة 5.000 دولار.
- المحصل من الوثائق 1000.000 دولار.

ردت 450.000 لشركات إعادة تأمين صادر ولم تحصل قيمة أقساط إعادة التأمين الوارد.

حساب صافي الأقساط:

■ 1200.000 الوثائق المصدرة خلال العام.
■ + 250.000 أقساط إضافية محصلة 1450.000.
■ - 5000 – أقساط مستردة.
■ 1445000 تأمينات مباشرة (جملة الأقساط المباشرة).
■ + 300.000 + أقساط إعادة تأمين وارد.
■ 1745000 إجمالي الأقساط المباشرة والوارد.
■ - 578000 – أقساط إعادة تأمين صادر.
■ 1167.0 صافي الأقساط.

حساب مخصص الأخطار السارية:

مخصص الأخطار السارية = 1167.000 47% × 548490

التعويضـــات

ويعرف التعويض بأنه: المبالغ التي تدفعها شركة التأمين إلى المـؤمن لهـم في حالة وقوع الخطر المـؤمن ضـده ويسـتحق التعـويض في التأمينـات العامـة بقـدر الأضرار والخسائر التي أصابت المؤمن لـه عنـد حـدوث الخطـر المـؤمن ضـده وفي حدود مبلغ التأمين، وخلال مدة التأمين المحددة ووفقاً للشروط المتفـق عليهـا بـين شركات التأمين والمؤمن لـه، ويمثـل قيمـة التأمين أقصىـ تعـويض يمكـن ان تصـفه الشركة، ويتم تحديد التعويض بمقدار الضرر الفعلي الذي أصاب المؤمن لـه والناتج من الكارثة ويمثل الأشياء التي أصابها الضرر ولا يعطي التعويض الأرباح المتوقعـة، ويخصم من التعويضات قيمة ما ينقذ من البضائع والموجودات، بمعنى أن حسـاب التعويضات يمثل الفرق بين قيمة الموجودات المنقـذة (التـي تـم إنقاذهـا وبيعهـا) والمبلغ المسدد للمؤمن له.

وقسمت اللائحة التنفيذية التعويضات إلى:

أ. إجمالي المسدد من المباشر والوارد.

ب. استنزال أو طرح المحصل من عمليات إعادة التامين الصادر.

ج. صافي التعويضات المسددة (ويمثل الفرق بين ضرب) (أ، ب، ج)

الفصل السابع عشر

آثـــار التشغيل الإلكتروني على هياكـــل
النظم المحاسبية

آثار التشغيل الإلكتروني على هياكل النظم المحاسبية

EDP Effects on Accounting System Structures

المقصود بهيكل النظام المحاسبي *System Structure*

مجموعة الترتيبات المحاسبية التي تشكل البناء الأساسي أو الإطار العام الذي تحدث بداخله عمليات تحويل البيانات المعينة التي تقارير المعلومات أو القوائم المطلوبة. هذه الترتيبات أو العناصر المحاسبية، والتي تشمل بصفة أساسية على ما يلي:

أولاً:	الدليل المستخدم
ثانياً:	المجموعة المستندية
ثالثاً:	المجموعة الدفترية

ويلاحظ أنه بينما تشترك كل من نظم المحاسبة المالية ومحاسبة التكاليف الفعلية ومحاسبة المسؤوليات في حقيقة أن هياكلها الأساسية يجب أن تحتوي على هذه العناصر الثلاثة مجتمعة إلا أن هذه الأنظمة تختلف فيما بينما اختلافات جذرية بشأن مضمون كل عنصر تلك العناصر كما يلي:

(1) الدليل المحاسبي

الدليل المحاسبة هو خريطة تصف الخطوط العامة التي تجري على أساسها عملية تمييز وحصر وتجميع البيانات المحاسبية المناسبة لغرض القياس في ظل المعالجة اليدوية التقليدية، ويستقبل كل نظام محاسبي بالدليل أو الأدلة المناسبة بتحقيق أغراضه.

فنظام المحاسبة المالية يعتمد في الأساس على دليل واحد هو دليل الحسابات المالية. هذا الدليل ما هو إلا خريطة تتضمن أسماء مختلف الحسابات الإجمالية والفرعية التي تتضمنها قائمتي الدخل والمركز المالي مع ترتيب هذه الحسابات في مجموعات متجانسة ومرقمة بشكل يوضح العلاقات القائمة بينها، كما يحتوي هذا

الدليل على شرح موجز لطبيعة كل حساب والقواعد التي تحكم القيود التي تسجل فيه.

أما في نظام محاسبة التكاليف فإن غرض قياس وضبط الفعلية لوحدة المنتج يقتضي استخدام مجموعة من الأدلة المتخصصة نذكر منها:

- دليل عناصر التكاليف "Cost – Elements Chart".
- دليل مراكز التكلفة "Cost - Centers Chart "
- دليل وحدات التكلفة "Cost – Units Chart "
- دليل حسابات التكاليف "Cost – Accounts Chart "

وبالمثل فإن نظام محاسبة المسؤوليات يستلزم تصميم أدلة مختلة مثل دليل مراكز المسؤولية، سواء كانت مراكز تكلفة، أو مراكز ربحية، أو مراكز استثمار، ودليل عناصر التكاليف القابلة وغير القابلة للتحكم على مستوى المراكز المختلفة.

الأثر على الدليل المحاسبي:

هذا ويمكن تلخيص آثار التشغيل الإلكتروني على الدليل المحاسبي كعنصر من عناصر هياكل الأنظمة المحاسبية فيما يلي:

أ) ازدياد أهمية الدليل المحاسبي:

فالدليل الحاسبي بوجه خاص يعتبر من الضروريات الأساسية لنجاح تصميم نظم التشغيل الإلكتروني للبيانات المحاسبية. ذلك أن كل دليل يحتوي على خطة منظمة لترقيم المفردات التي يحتوي عليها، سواء كانت هذه المفردات حسابات مالية أو عناصر تكاليف أو مراكز تكلفة أو مراكز مسؤولية. هذه الأرقام ذاتها تمثل الاكواد التي يستخدمها مخطط البرنامج في تصميم عمليات الإدخال والتسجيل والبحث والاسترجاع والمعالجة التي تتضمنها البرامج التطبيقية.

وبدون هذه الأرقام الكودية تصبح العمليات السابقة بطيئة، ومعرضة للكثير مـن الأخطاء، كما تصبح أحجما ملفات البيانات متضخمة، وتشـكل عبئاً عـلى الـذاكرة أثناء التشغيل.

ب)   التكامل بين الأدلة المختلفة:

في ظل أنظمة المعالجة اليدوية، يتم تقسيم المفردات التـي يحتـوي عليهـا دليل كل نظام إلى مجموعـات رئيسية ومجموعات فرعيـة وبنـود وأنـواع... الـخ، بحيث تعكس هذه المجموعات العناصر الرئيسية التي تحتوي عليها القوائم التـي ينتجها هذا النظام.

أما في ظل أنظمة التشغيل الإلكترونية للبيانات المحاسبية، فإن خطة تـرقيم وتكويد الحسابات المختلفة تقوم بالضرورة على مبدأ التكامل بـين أنظمـة القيـاس المختلفة. هذا المبدأ يقتضي بأن يتم تكويد على بند من البنود بـرقم مـودي واحـد، على أن يعكس هذا الرقم علاقة هذا البند بكافة أنظمة القياس المستخدمة.

على سبيل المثال، فإنه الرقم الكودي الذي يعطي لأي بند من بنود الإنفاق يجب أن يعكس هذه علاقة هذا البند بكل من:

أ.   الحساب المالي الذي يحمل عليه لإغراض المحاسبة المالية.

ب. مركز التكلفة الذي يوجه إليه لأغراض التتبع والتحميـل الـلازم لقيـاس التكلفة الفعلية لوحدات النشاط.

ج. مركز المسؤولية الذي يرتبط به لأغراض رقابة وتقييم الأداء الـوظيفي للمسؤول عن هذا المركز.

هذا وتجدر الإشارة إلى أن القياس في مراكز المسؤولية فيعمـل عـلى تحديـد التكلفة القابلـة إلى الـتحكم بمعرفة المسـؤول عـن هـذا المركـز، في مراكز التكلفـة يستهدف تحديد التكلفة الاقتصادية للوحدة المنتجة سواء كانت قابلة أو غير قابلة للتحكم بمعرفة المسؤول عن المركز.

الخلاصة في الدليل المحاسبي

أنه إذا كانت الأدلة المحاسبية ضرورية لأنظمة المعالجة اليدوية للبيانات المحاسبية، فإنها تعتبر أكثر من ضرورية بالنسبة لنظام التشغيل الإلكتروني لتلك البيانات. أنها تعتبر ركيزة أساسية تتوقف عليها الطريقة التي يعمل بها هذا النظام، وتتحكم في مدى نجاحه في إنتاج المعلومات المختلفة للأغراض المختلفة.

(2) المجموعة المستندية

المستندات "Source Documents" هي سند القيد في المحاسبة وبرهان قانونيته و صحته. ثم أنها ضرورة محاسبية لتحقيق مبدأ من أهم المبادئ المقبولة قبولاً عاماً في المحاسبة المالية، هو مبدأ الموضوعية وقابلية البيانات للتحقيق والمراجعة.

في المحاسبة المالية، تتعلق معظم المستندات بإثبات نشأة الإنفاق أو الالتزام. ويتكون الجانب الأعظم منها من مستندات تنشأ خارج الوحدة المحاسبية. ولا تستخدم المستندات الداخلية إلا في الأحوال التي يتعذر فيها الحصول على مستند خارجي مؤيد للعملية.

أما في المحاسبة الإدارية، فإن الكثير من المستندات والنماذج والكشوف التحليلية يتم إعدادها داخلياً في الأغلب الأعم. على سبيل المثال:

في نظام محاسبية التكاليف الفعلية، تتواجد المستندات والكشوف الداخلية التالية بالنسبة لعنصر واحد فقط من عناصر التكاليف وهو عنصر المواد:

- أذن استلام مواد.   -كشوف تحويل المواد غير المباشرة.

- إذن صرف مواد.   - بطاقة الصنف أو العين.

- إذن ارتجاع مواد.   - صفحة الصنف بدفتر أستاذ مراقبة المخازن.

- أذن تحويل مواد.   - محاضرة الجرد الفعلي المستمر.

- كشف حصر المواد المباشرة .

مثل هذه النماذج والمستندات تعمل على حصر عناصر التكاليف وتيسير عملية تتبع مسارها داخل الواحدة، كما تعمل في الوقت ذاته كأداة فعالة لتحقيق أغراض الضبط والرقابة على تلك العناصر.

الأثر على المجموعة المستندية:

ويمكن القول بأن تأثير التشغيل الإلكتروني على المجموعة المستندية ينصب بالدرجة الأولى على طريقة تصميم المستند ووسيلة استيفائه، وليس بالضرورة على مضمون هذا المستند أو محتوياته أو دورته المستندية حتى نقطة اعتماده كدليل مؤيد لحدوث العملية. إذ يتم إعداد كل مستند داخل الإدارة المختصة كالمعتاد، وذلك طبقاً للقواعد والسياسات والإجراءات التي يتضمنها نظام الضبط الداخلي المتبع.

ومع ذلك فإن الحاجة إلى إعطاء أكود خاصة إلى بعض البيانات غير الرقمية التي يحتوي عليها كل مستند من مستندات القيد الأولى المعدة للإدخال على الحاسب يتطلب إتباع أحد بديلين:

أ) استخدام نموذج إدخال خاص "Input Form"

هذا النموذج يرفق بكل مستند، وتنقل إليه البيانات الواردة بالمستند الأصلي ولكن بعد تحويلها إلى الأكواد المناسبة بمعرفة قسم تجهيز البيانات. ويتبع هذا الأسلوب بوجه خاص في حالة المستندات الخارجية، كما يفضل استخدامه في ظل طريقة الإدخال للدفعة "Batch Input" حيث يتواجد فاصل زمني بين نقطة إنشاء المستند وبين تاريخ الإدخال إلى قاعدة البيانات الإلكترونية. وهو ما يسمح بتخصيص موظف مستقل بقسم تجهيز البيانات يكون مسؤولاً عن القيام بعملية التكويد واستيفاء نماذج الإدخال المرفقة لك حزمة أو دفعة مستندات.

ب)   تعديل شكل المستند "Document Redesign"

فيتم إعادة تخطيط شكل المستند وتعديل طريقة تصميمه بحيث يحتوي على خانات إضافية يمكن أن يدرج به الكود المناسب لكل بيان من البيانات الواردة

والقابلــة للتكويـد، وبـالطبع لا يمكـن إتبـاع هـذا الأسلوب إلى في حالـة المستندات الداخلية، لأن المنشأة لا يمكنها التحكم في تصميم المستندات الخارجية. كما يفضل إتباع هذا الأسلوب بصفة خاصة في ظل طريقة الإدخال الفوري " – On Line Input".

(3) المجموعة الدفترية:

لاشك أن أكثر عناصر هياكل النظم المحاسبية تأثراً بالتشغيل الإلكتروني للبيانات هـو المجموعـة الدفتريـة، أي مجموعـة الـدفاتر والسجلات المخصصة للأغراض تسجيل البيانات، وفقاً لاحتياجات كل نظام محاسبي على حده.

على سبيل المثال، تشتمل المجموعة الدفترية في ظل نظام المحاسبة المالية، على السجلات المحاسبية والتحليلية التالية:

1. دفتر اليومية العامة.
2. دفاتر اليوميات المساعدة، مثل دفتر يومية الخزينـة، ودفتر المشـتريات الاجلة، و دفتر يومية المصروفات النثرية.....الخ.
3. دفاتر الأستاذ المسـاعد، مثل دفتر أستاذ مراقبـة العمـلاء، ودفتر أستاذ مراقبة الموردين، ودفتر أستاذ مراقبة مخازن المواد.
4. دفتر الأستاذ العام وموازينه الرقابية.
5. الدفاتر التحليلية، مثل دفتر تحليل المصروفات، ودفتر تحليل ضريبـة المبيعات المحصلة.
6. السجلات الرقابية، مثل سـجل الأصـول الثابتـة وسجل العهـد، وسـجل التأمينات لدى الغير، وسجل خطابات الضمان السارية.

هذا، وقد يضاف إلى ما تقدم في المنشآت الصناعية أستاذ مراقبة التكاليف، لـربط المجموعـة الدفتريـة للمحاسبة المالية مع المجموعـة الدفتريـة لمحاسبة التكاليف، تسوية الفروق بينهما.

والنقطة ذات الأهمية هـي أن هـذه المجموعـة الدفترية في ظـل نظم المعالجـة اليدويـة تتخـذ وسـيطاً مادياً ملموسـاً، يتمثـل في مجلـدات أو دفـاتر تحليليـة أو بطاقات سائبه، وتتميز بأنها يمكن الرجع إليها في أي وقت وقراءة ما بها بشكل مباشر.

أمـا في حالـة نظـم التشـغيل الإلكـتروني للبيانـات المحاسـبية، فـإن هـذه المجموعة الدفترية تتحول إلى مجرد ملفات إلكترونية "Electronic Files" مخزونة على أحد وسائط التخزين الإلكتروني (سواء كانت شرائط ممغنطة أو أقراص تخزين مرنة أو ثابتة). وهذه الملفات لا يمكن الوصول إليها في التعامل معها أو قراءة ما يوجد بها من قيود وبيانات إلا من خلال- وفقط مـن خـلال – البرامج التطبيقيـة المختصة التي تم في ظلها إنشاء مثل هذه الملفات من الأصل.

هذا التغيير السافر في طبيعة المجموعة الدفترية في ظل التشغيل الإلكتروني للبيانات المحاسبية سوق يكون له تأثيره الكبير بوجه خاص على طبيعة وإجـراءات كل من نظم الرقابة الداخلية والمراجعة الخارجية، إذ أنه يعني ببسطة أمرين:

- صعوبة اكتشاف أي تعديل غير مشروع أجري على محتويات الملف.
- صعوبة تحديد المسؤولية عن هذا التعديل في حالة اكتشافه.

الفصل الثامن عشر

النظام المحاسبي في الدول الإسلامية

النظام المحاسبي في الدولة الإسلامية

مفهوم وأهداف النظام المحاسبي في الدولة الإسلامية

يمكن النظر إلى النظام المحاسبي بصورة عامة على أنه يمثل: مجموعة الإجراءات التي تتعلق بالعمل المحاسبي والخاصة بتسجيل الأحداث الاقتصادية وتبويبها وترحيلها وتلخيصها وعرضها، وذلك من خلال توفير مجموعة مستندية يمكن الاعتماد عليها في تفريغ البيانات الناشئة عن الأحداث الاقتصادية أو مجموعة دفترية لمعالجة هذه البيانات باستخدام المبادئ والطرق والسياسات المحاسبية، ومجموعة من التقارير والقوائم المالية اللازمة لإظهار نتائج معالجة البيانات يهدف تقديمها بصورة ملخصة ومفهومة للعديد من الجهات (الداخلية والخارجية) التي يمكم أن يستفاد منها في اتخاذ القرارات المختلفة.

ويتميز النظام المحاسبي الإسلامي (وفق جهة النظر الإسلامية) عن غيره من النظم المحاسبية الأخرى (الحديثة) من حيث مجموعة المبادئ والطرق والسياسات التي تحكم عمل النظام، حيث يعرف النظام المحاسبي الإسلامي بأنه: " العلم الذي يبحث في محاسبة الحقوق والالتزامات في ضوء الشريعة الإسلامية بما تحويه من قواعد في العبادات والمعاملات"، وبذلك يتضح أن النظام المحاسبي الإسلامي تحكمه مجموعة من القواعد الإسلامية التي يمكن أن تصنف إلى شقين اعتماداً على مفاهيم الفقه الإسلامي هما:

1) فقه العبادات الذي يهتم بالعبادات الخاصة بالدين الإسلامي مثل الصلاة والصيام والزكاة بالدرجة الأساس، ويمتاز هذا الشق بالثبات على مر العصور حيث تحكمه الآيات القرآنية الكريمة والأحاديث النبوية الشريفة حصراً.
2) فقه المعاملات، الذي يهتم بالمعاملات التجارية المالية والاقتصادية ومدى أخذها بأحكام الشريعة الإسلامية، ويمتاز هذا الشوق بالتغير والتطور باختلاف مراحل الحاجة إليه وتغيرها على مر العصور.

وقد مر النظام المحاسبي في ظل الدولة الإسلامية بعدة تطورات من حيث مفهومه وهدفه ابتداءً من عهد الرسول (ص) ومن ثم عصر ـ الخلفاء الراشدين مروراً بالدول الإسلامية (الأموية والعباسية والأيوبية بالدرجة الأساس) حتى انتهاء حالة الخلافة في الإسلام بانتهاء الدولة العثمانية، ويمكن توضيح هذا التطور في المفهوم والهدف للنظام المحاسبي من خلال الحاجة إلى قياس الأموال واحتسابها من خلال:

1) حاجة الفرد المسلم إلى الوفاء بأحد التزاماته الدينية المتعلقة بأحد أركان العبادات وهو الزكاة، حيث لا بد من حصر الأموال التي يمتلكها وبالتالي احتساب الزكاة الواجبة عليها لغرض توزيعها في مصارفها المنصوص عليها شرعاً.

2) حاجة الدولة الإسلامية إلى معرفة وتحديد ممتلكاتها من الأموال الموجودة في بيت المال وتحديد مواطن تحصيلها وصرفها والرقابة عليها.

هدف النظام المحاسبي في الفكر الإسلامي بصورة عامة أهمها:

1) إن عملية قياس الأموال تتعلق بالعمليات المشروعة من وجهة النظر الإسلامية، وأن اي عملية غير مشروعة ليس لها مجال في الإسلام، مل احتساب الفوائد على القروض.

2) إن الهدف الأساس من قياس الأموال هو لحصر ـ الأموال التي يمتلكها الفرد المسلم ومعرفة مقدار زكاتها، حيث لا يتم التركيز على نتيجة الأعمال التي يقوم بها (من ربح او خسارة) نظراً لأن الزكاة تحتسب على أساس رأس المال (إجمالي الأموال الممتلكة) وليس على مقدار الزيادة (الأرباح) فيها فقط (كما هو الحال عند احتساب الضرائب في الوقت الحاضر)، إضافة أن الشركات ـ بمفهومها المعاصر ـلم تكن معروفة في زمن الدولة الإسلامية وبما يعني أن لم تكن هناك حاجة لتحديد نتيجة النشاط لغرض معرفة حصة كل شريك منها وبالتالي تحديد مقدار ما يمتلكه من أموال فيها.

3) لا بد من تحديد نتيجة قياس الأموال (زيادتها أو نقصانها عما كانت عليه) عندما يحول الحول، أي عندما يتم استكمال سنة قمرية (بغض النظر عن بدايتها)، وبما يعني أن الفترة المالية من وجهة النظر الإسلامية هي فترة غير ثابتة أو محدودة في تاريخ معين، فهي تبدأ عندما يبلغ النصاب قدرة لأي فرد مسلم وتنتهي بعدد أيام السنة القمرية (الهجرية) وإن كان البعض يحاول أن يجعل بدايتها في اول رجب أو نهايتها في نهاية شوال، ويمكن أن ينطبق ذلك على الأفراد الذين تكون أموالهم أكبر من نصاب الزكاة بصورة كبيرة ودائمة.

مكونات النظام المحاسبي في الدولة الإسلامية:

تتعلق مكونات النظام المحاسبي (بصورة عامة) بكل من:

1) أجزاء النظام البشرية والمادية التي يمكن أن يتكون منها والتي تعمل مع بعضها البعض في سبيل تحقيق هدف أو أهداف النظام.
2) مجموعة المستندات والدفاتر والقوائم المالية التي تنظم من خلالها الإجراءات الخاصة بعمليات التسجيل للأحداث المالية وتبويبها وتحليلها وتلخيصها وعرضها بصورة مفهومة يمكن أن يستفيد منها العديد من الجهات في اتخاذ القرارات المختلفة.
3) الرقابة على سير الإجراءات المحاسبية في كل عنصر من عناصرها بهدف التأكد من صحتها ودقتها وكذلك تقييمها.

يتكون النظام المحاسبي في الدولة الإسلامية من الأجزاء المادية والبشرية التي يمكن توضيحها كما يلي:

1) الأجزاء المادية

وهي تتعلق بكافة مستلزمات قيام النظام المحاسبي بإجراءاته المختلفة في سبيل تحقيق هدفه المتمثل بقياس الأموال من إيرادات ومصاريف وكذلك الرقابة عليها.

ويمثل ديوان بيت المال الركيزة الأساسية ضمن الأجزاء المادية لممارسة العمل المحاسبي في الدولة الإسلامية بدءً من صورته البسيطة في زمن الرسول (ص) حتى

تكامله بصورة تدريجية في عهد الخليفة عمر بـن الخطـاب (رض) وكـذلك في زمن الدولة الأموية ومن ثم العباسية والأيوبية.

والديوان كلمة فارسية الأصل تعني: السجل أو الدفتر، كما يطلق مـن بـاب المجاز على مكان حفظهما، وهو كما عرفه المـاوردي " موضـوع لحفـظ مـا يتعلـق بحقوق السلطنة من الأعمال والأموال ومن يقوم عليها من الجيوش والعمال، فهو يشمل بمصطلحاتنا المعاصرة أعمال وزارة الماليـة في الإشراف عـلى الموازنـة العامـة، الإيرادات والمصروفات وأعمالها وممثليها في استيفاء أنـواع الضرـائب والرسـوم والمكوس، إضافة لأعمال دوائر الميرة، أي التدوين والحسابات بـوزارة الـدفاع". وبذلك فإن ديوان بيت المال كان يمثل المكان الذي تنظم فيه العلاقات الماليـة بـين الدولة ورعاياها، وذلك من خلال تقسيمه إلى دواوين مختلفة منها.

1. بيت المال الخاص بالصـدقات وعشـور الأراضي ومـا يأخـذه الـوالي مـن تجـار المسلمين.
2. بيت المال الخاص بالجزية والخراج (خراج الرأس).
3. بيت المال الخاص بالغنائم والركاز.
4. بيت المال الخاص بالضوائع (الأموال التي لا يعرف مالكها).

وكان يتم التسـجيل في الـدواوين الخاصـة بالولايـات المختلفـة باسـتخدام اللغات الخاصة بها، أي تسجيل هذه البيانات بلغات مختلفة، ثم وحدت طريقـة التسجيل باللغة العربية في عهد الأمويين.

2) الأجـزاء البشريـة

وهي تتعلق بكافة الأفراد الذين يقومون بالعمل المحاسبي وفق مجموعـة مـن الاختصاصات اللازمة لذلك.

وفي زمن الدولة الإسلامية كان هناك العديد مـن الأفراد الـذين يعملـون في ديـوان بيت المال ضمن الوظائف المحاسبية والمالية المختلفة، ومن أهـم المسـميات التـي تطلق على هؤلاء الأفراد الآتي:

أ. صاحب بيت المال، وهو يمثل أعلى سلطة مالية، وبما أن ديوان بيت المال يمثل في وقتنا الحاضر وزارة المالية، فإن صاحب بيت المال في الدولة الإسلامية يقابل وزير المالية في وقتنا الحاضر، ويمكن أن تمارس هذه الوظيفة مـن قبـل أشـخاص مخولين عن صاحب بيت المال فمثلاً هناك صاحب بيت المال للنقدية، وصاحب بين المال للأنعام، وصاحب بيت المال للثمار – وهكذا.

ب. الناظر، وهو الشخص المؤتمن على الأموال، وإليه ترفع الحسابات الخاصة بهـا، وهو يقابل المدير المالي أو مدير الحسابات في وقتنا الحاضر.

ج. الشاهد، وهو الشخص الذي يقوم بتدقيق ومراجعة أعمال الديوان وهو يقابل المدقق في وقتنا الحاضر.

د. المستوفي، وهو الشـخص الـذي يقـوم بإرسـال الكشـوفات الماليـة للمقبوضات الخاصة بالأقاليم الأخرى وما يصدر من تعليمات، ويلفت النظـر إلى الكشوفات التـي ترد إليـه والتـي تكون مخالفـة للقوانين، وكـان يقـوم بفحـص الحسـابات وتحقيقها، وهو يقابل مراقب الحسابات (أو ديـوان الرقابة الماليـة) في وقتنا الحاضر.

هـ. العامل، وهو الشخص الذي يقـوم بكتابـة الحسابات وتنظيمهـا، وهـو يقابـل المحاسب أو كاتب الحسابات في وقتنا الحاضر، وهناك عامل على الزكاة وعامـل على الصدقات... وهكذا.

و. الصيرفي، وهو الشخص الذي يقوم باستلام الأمـوال أو صرفهـا وفـق التعليمـات الصادرة إليه، وهو يقابل أمين الصندوق في وقتنا الحاضر.

ز. الخارص، وهو الشخص الذي يقوم بتقدير المال بين طرفين، وهو يقابل المخمن في وقتنا الحاضر.

ثانياً: مقومات النظام المحاسبي في الدولة الإسلامية

تمثل مقومات النظام المحاسبي مجموعة الأسـس التـي يعتمـد عليهـا في توثيـق متطلبات القيام بإجراءات النظام بدءً من عملية التسجيل ومن ثم التبويب والتلخيص

والعرض، ذلك من خلال ضرورة توافر كل من: المجموعة المستندية، المجموعة الدفترية، دليل الحسابات، مجموعة التقارير والقوائم المالية.

ومن خلال الدراسة التاريخية لواقع النظام المحاسبي في الدولة الإسلامية يمكن ملاحظة وجود المقومات السابقة فيه والتي يمكن توضيحها كما يلي:

1) المجموعة المستندية

يمثل وجود المستندات نقطة البوابة في عمل النظام المحاسبي من حيث أنها تمثل الأساس المهم في توفير البيانات اللازمة لعمل النظام.

وتحتل المستندات مكانة هامة في الإسلام باعتبارها دليلاً ثبوتياً لما يمكن أن يجري بين طرفين وخاصة بما يتعلق بالأموال، ويمكن الاستدلال على ذلك من خلال الآيات الكريمة الآتية:

أ -{ فكاتبوهم إن عملتم فيهم خيراً}

ب -{ ولا يأب كاتب أن يكتب كما علمه الله فليكتب وليحلل الذي عليه الحق}

ج { ونخرج له يوم القيامة كتاباً منشوراً أقرأ كتابك كفى بنفسك اليوم عليك حسيبا}

د -{ ولا تسئموا أن تكتبوه صغيراً أو كبيراً إلى أجله ذلكم أقسط عند الله وأقوم للشهادة وأدنى ألا ترتابوا}

حيث يلاحظ من خلال الآيات الكريمة السابقة أن هناك تأكيداً على ضرورة توثيق الحقوق ومنها الحقوق المالية بطرفيها المدين والدائن وذلك عن طريق الكتابة التحريرية كي لا يكون هناك أي شك فيها.

وما يتعلق بعمل النظام المحاسبي في الدولة الإسلامية فقد عرفت المستندات من خلال نوعين رئيسين هما:

أ) المستند الداخلي (الأغراض الداخلية)، الذي يطلق عليه " الشاهد" ويتم تحريره من قبل كاتب الحسابات لما يتعلق بالإيرادات التي يتم تحصيلها من الآخرين، ويشترط فيه أن يحتوي على بيانات أساسية تتضمن كل من " تاريخ الإصدار، المبلغ، مكان الإصدار، شاهد المعاملة، التوقيع، أسباب الدفع" (ويتكون الشاهد "من عدة صور يحتفظ كاتب الحسابات بالأصل").وكان الأصل يسمى طراز، ويتم الإثبات في الدفاتر المحاسبية اعتماداً على الشاهد الذي يعد من واقع مستندات أخرى مثل إيصال القبض، وبذلك يكون الشاهد عبارة عن سند قيد، ويقوم المحاسب بإعداد الشاهد ويصادق عليه رئيس الديوان أو الوزير أو نائبه، وتعد هذه المصادقة أذناً لاستخدام الشاهد كأساس للقيد في الدفاتر، وتكون مصادقة رئيس الديوان أو الوزير أو نائب الوزير بكتابة عبارة " يكتب"، وبمجرد المصادقة على الشاهد يقوم المحاسب بقيد العلامات في الدفاتر من مواقع الشاهد ثم يحتفظ المحاسب بالشاهد ويظل في عهدته كدليل بتفويض رئيس الديوان أو الوزير أو نائبه إثبات المعاملات المالية في الدفاتر المحاسبية.

ب) المستند الخارجي (للأغراض الخارجية)، الذي يطلق عليه "البراءة"، ويم تحريره من قبل الجهبذ أو الخازن للمؤدي بما يؤديه إليه، وهو يمثل وصل السداد الذي يحصل عليه من يسدد مبلغاً من ضريبة المرعى المفروضة عليه أو من يسدد الخراج أو الصدقة أو الجزية.

وقد أظهر العصر الحديث فائدة كتابة العقود المالية وذلك حتى يعمل طرفا العقد أو ورثتهما أو أي شخص تمسه تلك العلاقة في الحاضر والمستقبل حقوقه وواجباته لأن مرور الزمن بسبب النسيان، فضلاً عن فائدة العقود المكتوبة في توفير البيانات المحاسبية التي يترتب عليها معالجات محاسبة خلال مدة العقد، ويلاحظ أن التشريع الإسلامي قد سبق بهذه المبادئ بعدة قرون ما متعارف عليه في وقتنا الحاضر.

2) المجموعة الدفترية

لقد عرفت الدفاتر المحاسبية بصورتها الأولية في عهد الخليفة عمر بن الخطاب (رضى) بسبب زيادة الأموال الواردة إلى بيت المال، حيث أنه أمر بتسجيل الأموال العامة مصنفة حسب مصادرها، ولم تكن الدفاتر المحاسبية آنذاك كما هي معروفة اليوم، بل كانت عبارة عن أوراق سائبة (غير مجلدة) حتى زمن الخليفة الوليد بن عبدالملك خلال الفترة 86- 96 هجرية (حوالي 706 - 715 ميلادية) حيث تم تجليد الدفاتر والسجلات، وكان الجانب التنظيمي لهذه الدفاتر المحاسبية قد وصل أقصى درجة من التنظيم من خلال الدولة العباسية بين 132 - 232 هجرية (749 - 847 ميلادية تقريباً) ذلك أنه في عام 132 هجرية (749 ميلادية تقريباً) تم تعيين خالد بن برمك رئيساً لكل من ديوان الخراج (أي ديوان الإيرادات من المنتجات الزراعية وديوان الجند) وقد قام خالد بن برمك بإعادة تنظيم هذين الديوانين وطور الدفاتر المحاسبية وعرفها بأسماء مميزة.

هذا وقد عرف دفتر القيد الأولي في الدولة الإسلامية باسم "جريدة" في حوالي عام 132 هجرية (حوالي 749 ميلادية) أي قبل ظهور كتاب باسيليو في عام 1494 ميلادية وبما يعني أن باسيليو قد اعتمد على المصطلح العربي المستخدم (الجريدة) وأطلقه على دفتر اليومية المسمى Journal بالإنكليزية أو Zornal بالإيطالية والتي هي ترجمة حرفية للكلمة العربية (الجريدة).

قائمة المراجع

المراجـــع العربيـــة

1. النقيب، كمال عبد العزيز، (2004). مقدمـة في نظريـة المحاسبـة (ط1). دار وائل لنشر والتوزيع. عمان – الأردن.

2. القاضي، حسين، (1988). نظرية المحاسبة. منشورات الكتب الجامعية، جامعـة دمشق. دمشق –سوريا.

3. مطـر، محمـد عطيـة وآخـرون، (1996). نظريـة المحاسبة، (ط1). دار حنـين للنشر والتوزيع. عمان- الأردن.

4. حجازي، محمد عباس، (1991). المحاسبة، (ج1). بدون دار نشر، مصر.

5. ضو، خليفة علي وآخرون (1983). مقدمة في المحاسبة الماليـة، (ط2). الـدار الجماهيرية للنشر والتوزيع. ليبيا.

6. ضيف، خيرت، (1984). في تطور الفكر المحاسبي. الـدار الجامعيـة للطباعـة والنشر. بيروت- لبنان.

7. حنين، عمر السيد، (1986). تطور الفكر المحاسبي، الدار الجامعية لبنان.

8. بوشامب، جورج، ممدوح محمد وآخرون، (1987). نظرية المنهج، (ط1). الدار العربية لنشر والتوزيع. مصر.

9. النانحي، محمد السيد، (1992). دراسـات في نظريـة المحاسبة، مكتبـة الجـلاء الجديدة، المنصورة. مصر.

10. العـادلي، يوسـف عـوض وآخـرون، (1986). مقدمـة في المحاسبـة الماليـة، منشورات ذات السلاسل، (ط1). الكويت.

11. أحمد، بهجت حسـني، (1984). النظريـة في المحاسبة، مكتبـة عـين شمس، القاهرة – مصر.

12. الخداش، حسام الدين مصطفى وآخرون، (1995). أصول المحاسبة المالية، (ط1). بدون دار نشر. عمان – الأردن.

13. الراوي، حكمت أحمد، الحيالي، وليد ناجي، (1996). نظرية المحاسبة واقتصاد المعلومات، (ط 1). مكتبة الفلاح للنشر والتوزيع- بيروت.

14. الحسني، صادق، (1994). التحليل المالي والمحاسبي، مطابع المؤسسة الصحفية الأردنية، عمان – الأردن.

15. حنان، محمد رضوان، (1987). نظرية المحاسبة، منشورات جامعة حلب، سوريا.

16. أمين، خالد، عبد الله وآخرون، (1990). أصول المحاسبة، مركز الكتب الأردني، عمان – الأردن.

17. كاشين، جيمس وليرنمز، جويل، (1984). أصول المحاسبة، (ط2). دار ماكجروهيل للنشر، الرياض.

18. الشيرازي، عباس، (1990) . نظرية المحاسبة. دار السلاسل للنشر- والتوزيع. الكويت.

19. بسيوني، أحمد، نور،(1987). المحاسبة المالية. الدار الجامعية للنشر والتوزيع. بيروت.

20. نمر، حلمي محمود، (1970). نظرية المحاسبة المالية، دار النهضة العربية.

21. جربوع، يوسف، محمود، (2001) نظرية المحاسبة، (ط1). مؤسسة الوراق للنشر. عمان – الأردن.

22. يحيى، زياد هاسم، ايوب، لقمان محمد، (1995). الرقابة المالية في الإسلام، مجلة تنمية الرافدين. (458). كلية الإدارة والاقتصاد جامعة الموصل، العراق.

23. زيد، عمر عبدالله، (1995). المحاسبة المالية في المجتمع الإسلامي، (ج1). سلسلة مراجع المحاسبة والمراجعين. دار اليازوري. عمان – الأردن.

24. النقيب، كمال عبد العزيـز، (1999). تطـور الفكـر المحاسبي، الفطافطـة. للطباعة، الأردن.

25. حنان، رضوان حلـوة، (2003). النمـوذج المحاسـبي المعـاصر، دار وائـل للنشر والتوزيع. عمان – الأردن.

المراجـــــع الأجنبيـــــة

1. J. B. Burch and others,(1979). *Information Systems theory & practice, John willy & Sons, INC.*

2. Kam Vernon, (1990). *Accounting theory, John wiley & Sons, Singapor, second.*

3. C.A welsch & Daniel G. Short, (1987) *Fundamenats of Financial Accounting, 5ed. Irwin, INC.*

4. M.W.E. Glautier & other, (1980). *Basic Accounting practice, pitman pubilishing Limited, London, Second ed.*

5. Bedford, Norton, M. (1973). *Extensions of Accounting Disclosure, prentice – HaLL Inc. Englewood cliffs.*

6. Keiso, Donald E, and weygendt, Jerryj., (1992) *internediate Accounting. Seventh Edition John Wiley and sons Inc.*

7. Sterling, Robert R.,(1983). *Accounting Research Education & practice, The Journal of Accountancy September.*

8. Robinson A.Leonazed & Davis, R James, (1985) *Accounting information Systems A Cycle Approach Harper & Row publishers. NEW York.*

9.   Eldon S. Hendriksen, (1982). Accounting theory. Richard D.Irwin. Inc Homewood. Llihois.

10.   Ahmed Belkaoui. (1981). Accounting Theory, Harcurt Brace Joranovich, Inc. New York.

11.   Charles T. Horngren & George foster,(1987) cost Accounting A Managerial Emphasis, Sixth Edition.

12.   Committee on Terminology, (1995) Accounting Terminology Bulleting, Income, profit and Earnins.

13.   Dr. yousef Jarbou, (2000). Anditing Between Theorg & Applicstion, Al waraq publishing Establishment, Amman – Jordan.

14.   International accounting stsndards, (1999). Discloure of accounting policies.

15.   www.cba. Edu, sa.

16.   www.answers.

17.   www.docs-ksu-ed.ac.

18.   www. Accttarab.com

19.   www.anch m.org

20.   www. Word press. Com

Printed in the United States
By Bookmasters